"广东省普通高校人文社科重点研究基地：珠三角产业生态研究中心
（2016WZJD005）"资助

珠三角地区制造业企业转型升级知识产权管理系统研究

冯志军　著

中国财经出版传媒集团

经济科学出版社

Economic Science Press

图书在版编目（CIP）数据

珠三角地区制造业企业转型升级知识产权管理系统研究/
冯志军著 . —北京：经济科学出版社，2018.9
ISBN 978 - 7 - 5141 - 9603 - 0

Ⅰ.①珠…　Ⅱ.①冯…　Ⅲ.①珠江三角洲 - 制造工业 -
企业升级 - 知识产权 - 管理 - 研究　Ⅳ.①F426.4

中国版本图书馆 CIP 数据核字（2018）第 176992 号

责任编辑：李晓杰
责任校对：王苗苗
责任印制：李　鹏

珠三角地区制造业企业转型升级知识产权管理系统研究

冯志军　著

经济科学出版社出版、发行　新华书店经销

社址：北京市海淀区阜成路甲 28 号　邮编：100142

总编部电话：010 - 88191217　发行部电话：010 - 88191522

网址：www. esp. com. cn

电子邮件：esp@ esp. com. cn

天猫网店：经济科学出版社旗舰店

网址：http://jjkxcbs. tmall. com

北京季蜂印刷有限公司印装

710 × 1000　16 开　15.75 印张　230000 字

2018 年 9 月第 1 版　2018 年 9 月第 1 次印刷

ISBN 978 - 7 - 5141 - 9603 - 0　定价：48.00 元

前　　言

　　珠三角地区正处于产业转型升级和经济发展方式绿色转型的关键时期。如何走出一条科学的产业转型升级之路，是珠三角地区政府与制造业企业共同面临的困境，也是我国在可持续发展过程中亟待解决的问题。知识产权管理已经渗透和融入关键核心技术突破、创新链延伸、产业链跃升、价值链提升、产品结构优化、技术结构升级等产业转型升级的主要环节和过程。推进知识产权管理工作，直接决定珠三角地区产业转型升级的科技支撑体系建设与经济发展方式绿色转型的路径选择。珠三角地区要率先建成创新型区域，实现知识促进经济发展的新型道路，知识产权管理是其行动指南。珠三角地区必须推进科技创新引领下的产业转型升级，转型升级要从知识产权方面入手，合理实施知识产权管理，用无形资产决定有形资产的分量，用科技创新开辟可持续发展的道路。因此，研究珠三角地区制造业企业转型升级知识产权管理系统的构建、运行及评价问题就具有重要理论价值和现实意义。

　　本书在借鉴、融合、提炼国内外关于制造业企业转型升级与知识产权战略管理研究成果的基础上，对珠三角地区制造业企业转型升级过程中知识产权战略管理现状进行分析。从知识产权开发管理、知识产权保护管理、知识产权运营管理等三个方面构建珠三角地区制造业企业转型升级知识产权战略管理系统；运用系统工程理论，构建制造业企业转型升级知识产权战略管理系统模型，包括输入子系统、转换子系统、输出子系统。将模型中的三个子系统视为三个单摆，从三摆耦合机理分析子系统间的关系，构建制造业企业转型升级知识产权战略管理系统运行机制；构建珠三角地区制造业企业知识产权战略管理系统运行效果评价指标体系与基于微粒群算法定权改进 TOPSIS 法的评价模型，并运用于实证分析；运用面板数据模型考察了知识产权管理对产业升级、经济增长的促进作用，以此来验证构建珠三角地区制造业企业转型升级知识产权管理系统的必要性；在此基础上提出保障珠三角地区制造业企业知识产权战略管理系统有效运行的对策。

另外，本书得到了广东省普通高校人文社科重点研究基地——珠三角产业生态研究中心（2016WZJD005）的资助，在此表示感谢！

本书虽然为研究珠三角地区制造业企业转型升级提供了新的思路，采用了不同于以往成果的研究方法，也得出了一些新的结论，提出了若干新的对策建议。但是，由于作者水平有限，书中的不妥和疏漏在所难免，殷切希望各位专家和广大读者批评指正。

冯志军

2018 年 3 月

目 录

contents

> > > > > >

第1章

绪　　论

1.1　本书的研究背景和意义

1.1.1　研究背景

随着科技的迅猛发展，经济全球化进程的日益加速，知识产权在国际经济竞争中的地位日益凸显，对知识产权进行有效的开发、保护与运营已成为一国在国际经济秩序中获得战略高点的关键。因此，越来越多的国家将知识产权战略上升到国家战略层面，以此来推进知识产权管理工作。企业作为国家参与国际竞争的微观主体，其自主创新能力及知识产权管理水平，成为企业开拓市场特别是争夺国际市场的决定力量[1]。

制造业在工业体系中处于核心地位，是拉动我国经济发展的主导力量。珠三角地区制造业经过多年发展，形成了较好的制造业基础，已经成为世界性的生产基地，被称为"世界工厂"。但是，2008年以来，受全球金融危机及欧债危机的双重冲击，传统依靠廉价劳动力、原材料成本和较低的生产技术成本获得国际竞争优势的珠三角地区制造业企业遭遇生存危机，其中尤以中小企业、外贸出口导向企业为甚，出现了大规模的企业减产、停产与倒闭潮。事实证明，珠三角地区制造业多以低技术、低附加值与劳动密集型的中小企业为主，其市场竞争方式主要表现为"低质量、低价格"，造成其在国际市场竞争力弱，缺乏"话语权"，一直处于全球价值链的中低端，导致其抗风险、抗危机能力力弱[2]。为此，珠三角地区制造业亟待由单纯依靠加工、组装向研发、品牌等高端环节拓展。珠三角地区制造业正处于调整产业结构进而促进区域经济发展方式绿色转型的关键时期，制造业企业转型升级已经成为其生存和可持续发展的唯一出路。

珠三角地区正处于产业转型升级和经济发展方式绿色转型的关键时期。如何走出一条科学的产业转型升级之路，是珠三角地区政府与制造业企业共同面临的困境，也是我国在可持续发展过程中亟待解决的问题。知识产权管理已经渗透和融入关键核心技术突破、创新链延伸、产业链跃升、价值链提升、产品结构优化、技术结构升级等产业转型升级的主要环节和过程。推进知识产权管理工作，直接决定珠三角地区产业转型升级的科技支撑体系建设与经济发展方式绿色转型的路径选择。珠三角地区要率先建成创新型区域，实现知识促进经济发展的新型道路，知识产权管理是其行动指南。2012 年 1 月 20 日，广东省省委、省政府颁布了《关于加快建设知识产权强省的决定》，明确了建设广东省为知识产权强省的战略目标。珠三角地区必须推进科技创新引领下的产业转型升级，转型升级要从知识产权方面入手，合理实施知识产权管理，用无形资产决定有形资产的分量，用科技创新开辟可持续发展的道路。

1.1.2　研究意义

第一，对于丰富与完善知识产权管理理论具有积极的学术意义。

随着科技的迅猛发展，知识产权已经成为企业在全球化竞争中获得巨大经济效益与社会效益的战略性资源。如何科学制定企业知识产权战略并做好企业知识产权开发创造、保护与运营等知识产权管理活动已成为企业获得市场竞争优势的关键。本书将以国内外最新研究成果为基础，从知识产权的全生命周期的视角，构建符合珠三角地区现实的制造业企业转型升级知识产权管理系统，并深入分析其运行机制，构建基于微粒群算法（PSO）定权的改进 TOPSIS 法的系统运行效果评价模型，对于丰富知识产权管理系统理论与方法具有重要意义。

第二，对于促进珠三角地区制造业企业从战略管理视角开发、保护与运营知识产权来提高珠三角地区整体创新能力和建设创新型广东具有重要现实意义。

随着经济全球化的发展，国际贸易自由化的进程也在不断推进。中国已经加入世界贸易组织（WTO）15 年，中国企业特别是以外贸出口为主要特征的珠三角地区制造业企业，正逐步实施国际化经营：直接面对国际市场、参与国际竞争。但是，必须承认，部分珠三角地区制造业企业是一种"被动国际化"（要么寻求更大的市场，要么避免与竞争对手直接对抗等），不具备国际化的理念和视野，缺乏企业国际化经营与管理的经验。因此，在国际市场与国外跨国公司直接竞争时，往往处于被动的弱势地位。在传统竞争模式下，企业通过低成本战略获得低价格优势赢得市场，但是，随着竞争高级化阶段的到来，低价格优势难以适应。企业必须具有知识产权这种持久竞争优势来扩展市场。鉴于此，从战略管理的角度来管理珠三角地区制造业企业的知识产权活动是一项决定企业未来国际化竞争优势的战略性问题。它对于促进珠三角地区制造业企业从战略管理视角开发、保护、运营知识产权来提高珠三角地区整体创新能力和建设创新型广东具有重要现实意义。

第三，对于推动珠三角地区制造业企业自主创新、促进其产业结构升级具有十分重要的现实意义。

如何科学地转型升级，是珠三角地区制造业面临的困境，也是我国在可持续发展过程中亟待解决的问题。珠三角地区必须推进科技创新引领下的制造业企业转型升级，转型升级要从知识产权方面入手，合理实施知识产权管理，用无形资产决定有形资产的分量，用科技创新开辟可持续发展的道路。本书通过构建珠三角地区制造业企业转型升级知识产权管理系统运行效果评价指标体系，运用基于微粒群算法（PSO）定权的改进 TOPSIS 法对珠三角地区 9 个地市进行实证研究，进而整体上把握珠三角地区制造业企业知识产权管理现状；同时，通过构建面板数据模型考察了知识产权管理在技术创新驱动珠三角地区制造业企业转型升级中的影响及作用机制；进一步，通过构建面板数据模型考察了知识产权管理对珠三角地区制造业企业转型升级促进工业经济绿色增长转型的影响及作用机制，进而验证构建珠三角地区制造业企业转型升级知识产权管理系统的必要性与紧迫性。

1.2　国内外研究现状

1.2.1　制造业产业（企业转型）升级的国内外研究

制造业是国民经济增长的发动机，是吸纳就业的主力军，是提升一国经济发展综合竞争力的基石。制造业产业（企业转型）升级、结构优化一直是学术界研究的热点问题。国内外学者对制造业产业升级内涵、驱动因素、路径、测度方法和战略等进行了较为广泛和深入的研究，目前国内外学者对制造业产业升级的研究主要集中在以下内容。

（1）制造业产业升级内涵的研究。综合相关研究对制造业产业升级的描述与定义，可以认为其具有两个层面的涵义：第一个层面是基于价值链视角考察制造业内企业及各行业的升级现象，是以 Porter（1985）的价值链分析模型为主要理论基础，以技术创新和附加值创造为主要途径的制造业产业升级[3]；第二个层面是基于产业结构视角考察制造业产业结构的升级现象，是以 Smith（1776）的生产要素密集度产业划分理论[4]、Hoffmann（1931）的霍夫曼定理[5]和 Chenery（1986）的发展型式理论[6]为主要理论基础的制造业产业升级。

基于价值链视角的内涵。技术创新是制造业竞争优势的主要来源，也是制造业产业升级的重要途径[7]。Tolentino（1993）基于对第三世国家产业发展的分析，提出"技术创新产业升级理论"，其认为第三世界国家产业升级过程是企业技术能力提高的过程，技术创新是实现产业升级的重要途径[8]。制造业产业升级本质上是指制造业产业附加值的创造和提升，Gereffi（1999）从四个维度总结了产业升级的内涵，其中基于产业视角认为产业升级是指产业内企业从生产标准化的大众产品转向生产差异性产品[9]。Poon（2004）认为制造业产业升级就是制造商成功地从生产劳动密集型低价值产品，向生产更高价值的资本或技术密集型产品转换的过程[10]。Pipkin（2008）肯定了Gereffi对产业升级的解释，但其认为升级并不一定源于设备以及其他影响生产力的要素资本的投入[11]。

基于产业结构视角的内涵。根据生产要素密集度对产业进行划分源于Smith（1776）在《国富论》中对劳动密集型、资本密集型和技术密集型产业的划分[4]，基于以上理论，Porter（1990）认为产业升级就是随着资本（人力和物力）相对于劳动力和其他资源禀赋所占比重的不断提高，国家在资本和技术密集型产业呈现比较优势的现象[7]。Hoffmann（1931）通过分析1880~1929年产业革命以来50年间的20多个国家的时间序列数据，总结了工业化进程中产业升级的规律，提出用消费资料工业净产值和生产资料工业净产值的比例（简称"霍夫曼系数"）衡量产业升级[5]。Chenery（1986）从经济发展的长期过程中考察了制造业内部各产业部门的地位和作用的变动，揭示了制造业内部结构转换原因在于产业间存在着产业关联效应，基于Chenery发展型式理论的制造业产业升级是从初级产品生产到工业化再到发达经济的过程[6]。

（2）制造业产业升级驱动因素的研究。国内外相关研究主要从两个方面对制造业产业升级驱动因素进行分析：第一个方面主要从制造业产业内部入手，基于制造业内企业的技术创新、技术进步和流程重组及产业链内供求关系视角[9]研究制造业产业升级的驱动因素；第二个方面主要从制造业产业外部入手，基于社会需求的拉动、国际贸易的推动[12]、资本的跨国流动[13]、经济危机[14]、资源约束[15]等研究制造业产业升级的驱动因素。

基于产业内部视角的驱动因素。由技术创新、技术进步和流程重组引发的企业生产率增长是制造业产业升级的重要动因。Berman 等（1994）从 20 世纪 80 年代劳动力需求从非熟练工人到熟练工人的变化来探讨美国制造业结构的变动，认为技术进步对美国制造业带来了重大的结构变动[16]。Stephen 和 Van（1998）从法国、德国、英国、日本等 7 个经合组织国家技术结构的变化探讨技术研发强度与熟练工人需求增长的关系，研究表明技术的发展已经实质性地促进了发达国家制造业的高端化[17]。Pipkin（2008）基于对危地马拉与哥伦比亚两国 14 个典型企业的调查，认为企业流程重组与技术创新是促进制造业产业升级的关键因素[11]。

产业链内的供给与需求也是驱动制造业产业升级的重要因素之一。Gereffi（1999）通过对服装出口企业的研究，提出了产业链内供求关系驱动产业升级的三种方式：学习效应、驱动效应和挤出效应[9]。Zhu Jieming（2000）认为制造业的结构变化主要受到产业链内的供需关系及市场和政府的政策变化等因素的影响[18]。陈爱贞等（2008）发现由于本土装备制造部门长期缺乏足够的市场份额的支撑，因此难以实现"研发投入—技术创新—市场份额上升—研发投入增加"的正向循环，而下游动态技术引进所造成的市场需求转移，对本土设备企业的技术升级产生了严重的制约[19]。

基于产业外部视角的驱动因素。人均国民收入水平提高带动社会需求结构与人们消费结构变化，进而促进产业升级[20]。Kuznets（1971）认为人均国民收入变动对产业结构产生影响，导致产业升级[21]。

国际贸易促进一国产业调整的观点最早体现在 Leontief（1936）的投入产出模型中，他认为产业的总产出不仅受到国内最终需求和国内中间需求的影响，还受到净国际贸易额的影响[22]。Hatani（2009）发现外国投资不仅具有技术溢出效应，还能促进市场竞争，进而有效促进进口国产业技术水平和产品质量的提升[23]。虽然国际贸易能够促进和带动产业升级，但李博和曾宪初（2010）通过回顾中国工业结构变迁历程，指出发展中国家的工业结构升级过于依赖国际经济[24]。

资本的跨国流动对流入国产业升级产生显著影响。郭克沙（2002）指出外资的结构性倾斜加快了我国工业结构的高度化进程，促进了技术密集型产业的发展[25]。周彩虹（2009）通过对长三角制造业的研究，认为扩大吸引外资、积极开展对外贸易等可以推动包括长三角在内的我国制造业价值链提升[13]。

制造业产业升级还受到经济危机、资源约束等其他产业外部因素的影响。阮建青等（2010）通过对浙江省典型产业集群质量升级过程的案例分析发现：政府和企业家的集体行动会促进产业集群质量的升级[14]。孔善右和唐德才（2008）证实了资源约束对江苏省制造业的影响，阐述了涉及产业升级、技术创新等产业政策选择[15]。

（3）制造业产业升级路径的研究。国内外学者从不同视角分析了制造业产业升级路径，学者们提出的产业升级路径概括起来主要包括三类：制造业产业内升级路径、制造业产业间升级路径和制造业产业内及产业间交叉升级路径。

制造业产业内升级路径。国内外学者对制造业产业内升级路径的认识较为统一，普遍认为制造业产业内升级路径为：OEA（原始设备组装商）—OEM（原始设备制造商）—ODM（原始设计制造商）—OBM（原始品牌制造商）。Gereffi（1999）等基于国际贸易合作角度，认为代工企业基于全球价值链分工的产业链升级遵循 OEA—OEM—ODM—OBM[9]。胡军等（2005）认为全球价值链外包生产体系中 OEM 企业的一般成长路径：第一种路径是产业的"整体跃迁"，第二种路径是企业在当前全球价值链中的"个体攀升"，第三种路径则是企业个体通过在不同全球价值链中的"横向跨越"，进入更高附加值的价值链[25]。吴友富和章玉贵（2008）认为中国制造业为了实现产业升级，应实施品牌升级战略[26]。盛亚等（2011）根据计算出的不同行业技术能力与技术效率的差异，提出了不同类别制造业应选择的三种不同的技术转型升级路径[27]。戴勇（2013）以奥康和达芙妮两家制鞋企业作为案例研究对象，探寻其转型升级背景、路径及影响因素并进行对比研究，发现 OEM 到 OBM 仍是这类企业普遍的升级路径，具体策略表现为通过企业联盟或并购方式深化产业链，引进技术能力以及渠道分销能力[28]。孔令夷等（2014）基于核心边缘论作出转型升级路径选择，研究结果表明，核心企业选择构建国家价值链的跨越式路径，边缘企业选择嵌入全球价值链的渐进式路径，两类路径又各自细分为 3 种子路径[29]。

制造业产业间升级路径。国内外学者对制造业产业间的升级路径并没有形成较为统一的认识。Chenery（1960）通过对 51 个国家（地区）数据的计算得出不同经济发展水平下制造业各部门相对比重变化的"标准值"，发现随着收入水平的提高，制造业内部结构中投资品所占比重逐步增大，消费品比重则趋于下滑[30]。结合 Chenery 的研究结论，Emst（2001）将产业升级方式划分为 5 种类型，其中产业间升级是指在产业层级中从低附加值产业向高附加值产业的移动[31]。在此基础上，李作战（2007）结合我国制造业的发展现状和比较优势，提出了我国制造业升级的五条路径[32]。赵文成和赵红（2008）认为我国制造业应发挥比较优势，寻求在产业价值链中的主导地位和控制能力，延伸我国制造业的产业价值链[33]。目前世界范围内制造企业面向服务产业的纵向一体化经营激励与趋势[34]，吴义爽和徐梦周（2011）认为个体制造企业通过服务平台，获取源于服务产业的利润新增长点和竞争优势，以此实现"产业间"升级[35]。刘明宇等（2010）认为形成生产性服务业和制造业的协同演进，是实现制造业产业升级的重要路径[36]。蔡旺春和李光明（2011）认为中国制造业的升级在坚持技术创新传统路径的基础上，还可以开辟文化产业与制造业融合的新路径；通过文化产业与制造业的延伸融合、交叉融合以及关联融合，提升制造业的文化附加值，促进制造业升级[37]。邓向荣和曹红（2016）研究结果表明：中国 50 余年的产业升级具有适度偏离比较优势特征，传统劳动密集型产业退出障碍会降低资源配置效率，抑制技术密集型产业的创新能力累积与跨越式升级；因此，建立产业进入退出机制以集中国家优势推进装备制造业等产业关键技术与共性技术研发，成为中国转型升级路径的必然选择[38]。

制造业产业内及产业间交叉升级路径。国内部分学者认为制造业产业升级是产业内升级与产业间升级交叉进行的。张其仔（2008）指出产业内升级与产业间升级是交叉进行的，称为非线性升级；我国的发展实践表明：为保持我国经济和出口的持续稳定增长，应该实施产业间升级优先战略[39]。张学敏和王亚飞（2008）从我国制造业企业在全球价值链分工中的位置出发，对我国制造业企业价值链升级的多元化路径进行阐述[40]。宋巍和顾国章（2009）利用2001~2007年长三角地区制造业的数据对产业升级的两种路径进行了考察，结果显示长三角地区产业升级的主要模式是产业内升级[41]。张彬和桑百川（2015）结合相关指标和对制造业的细分，分析入世后中国制造业的产业间和产业内升级状况，结果显示产业间升级有所改善，而产业内升级经历了进展、逆转和再进展的波折变化；通过计量模型实证验证国际分工对制造业两种升级的影响，结果显示中国制造业参与国际分工促进了产业间升级，各制造行业参与国际分工程度与产业内升级同向变化，且对劳动密集型行业产业内升级作用最大，对资本密集型的作用次之，对资本技术密集型的作用最小[42]。

（4）制造业产业升级测度方法的研究。基于国内外学者对制造业产业升级两个层面内涵的界定，对制造业产业升级测度方法的研究主要包括两个方面：第一个方面是基于价值链视角测度制造业产业升级，主要从企业或行业的角度出发，通过测度制造业竞争力、产品升级指数和附加价值等因素间接和直接的测度制造业产业升级；第二个方面是基于产业结构视角测度制造业产业升级，主要包括两类方法：单指标测度方法和参照对比法。

基于价值链视角的测度方法。国内外学者主要从制造业竞争力的角度测度制造业产业升级，目前对制造业竞争力测度的方法主要有两种：数学模型法和综合指标评价法。Moreno（1997）提出了适用于评价制造业国际竞争力的 Moreno 模型，探讨了影响制造业竞争力的决定因素[43]。基于以上经典模型，结合我国制造业特征，王仁曾（2002）提出双方程模型测度中国制造业竞争力，并对1996年中国制造业30个大类产业的截面数据进行分析[44]。

综合指标评价法测度制造业竞争力是较为常用的测度方法，一般采用比较优势指标、贸易竞争指数、产业内贸易指标、劳动生产率等。Rainer（2007）运用投入产出表和因子分析法，分别从市级和国家级两个层面对美国芝加哥市的产业集群进行测度[45]。卢戎和于丽英（2011）

采用最大值法和投入产出分析法相结合的区域价值链识别方法，确定核心主导产业及其前后向密切关联产业[46]。张明志和李敏（2011）基于投入产出表对相关指标的计算表明，20世纪90年代中后期以来，中国参与国际垂直专业化分工主要发生在资本技术密集型产业，而劳动密集型产业的垂直专业化分工水平较低[47]。

基于产业结构视角的测度方法。国外学者较早采用单指标测度制造业产业结构的变动，Hoffmann（1931）提出用消费资料工业净产值和生产资料工业净产值的比例（简称"霍夫曼系数"）衡量产业升级[5]。杨洪焦和孙林岩（2009）针对产业结构变动的影响因素错综复杂而难以建立有效的计量经济预测模型的难题，提出了一种基于微分进化算法的支持向量机预测模型，并利用中国制造业结构数据对该预测方法进行了检验[48]。

由于单指标测度方法的局限性，国外部分学者采用参照对比方法更全面的测度制造业产业升级。Knarvik等（2000）通过对13个OECD国家（地区）36个制造业行业1970~1997数据的计量分析，发现大部分欧洲国家的制造业结构在20世纪70年代显著趋同[49]。郑海涛和任若恩（2004）从相对价格水平、劳动生产率、单位劳动成本角度比较中德两国制造业竞争力，研究结果表明中国单位劳动成本只为德国的一半，并没有显著竞争优势，单纯强调劳动力成本优势没有意义，提升制造业需要从劳动生产率、技术创新、品牌等其他角度进行[50]。

1.2.2　知识产权管理的国内外研究

国外学者对知识产权管理的研究，主要涉及技术创新中的知识产权及其利益分配问题、知识产权制度、专利战略等方面。

（1）技术创新中的知识产权及其利益分配问题。Rudi Bekkers（2002）以高技术产业中的移动通信行业为例，研究表明移动通信行业在技术创新发展过程，要规避单一知识产权持有人行为[51]。Benjam（2002）研究表明知识资本的私有化更有利于技术创新的扩散[52]。Stephanie Monjon（2003）评估了从大学到创新企业的信息流，分析并识别出了在这个过程中合作和纯知识溢出的贡献[53]。Holger Kollmer（2004）指出企业通过知识产权可以实现高技术的转移与许可，因此，企业推行知识产权战略有利于企业经济效益的提高[54]。Ryan（2010）对技术创新全球化背景下的巴西企业实施专利战略联盟中的专利诉讼问题展开了研究[55]。

（2）知识产权制度的研究。Brien（1992）认为知识产权专利的短缺制约了欠发达国家的技术创新活动[56]。Kwan 等（2003）研究发现，知识产权保护强度有一个"阈值"，超过这一"阈值"，会造成社会福利的损失，而低于这一"阈值"，也会产生社会福利的损失，但相比较而言，或者损失的社会福利更大[57]。Liao 和 Wong（2009）实证分析了在竞争环境下，南北国家之间知识产权保护水平的差异对本国企业产生的影响，并为南方国家企业运用 TRIPS 协议保护自身知识产权提供了对策[58]。Lichtenthaler（2009）认为不同规模的企业应该采取不同的专利保护策略[59]。Lai（2011）探讨了处于经济全球化背景下的各国如何制定专利保护政策[60]。

（3）专利战略的研究。Manuel Trajtenberg（2001）通过对以色列与亚洲"四小龙"的专利和技术投入的对比，指出亚洲"四小龙"的经济增长原因与以色列是一致的，皆归因于专利制度的激励作用以及专利战略的成功运用[61]。Hicks 等（2001）的实证研究结果表明：美国赢得市场、获取市场竞争力的关键是抢占高尖端技术知识产权制高点[62]。William（2001）明确了企业在技术创新过程中实施专利战略的重要性与必要性[63]。Glazier（2003）确定了企业专利战略管理的目标，并提出了实现这一目标的实施措施[64]。Blind（2006）对德国 9 个支柱产业的实证研究发现：企业进行专利申请和保护的动机有：保护、封锁、声誉、交换以及激励[65]。Reitzig（2010）以 44 家专利钓饵企业 132 件涉案专利为研究对象，分析涉诉专利质量及其在诉讼中的表现形态[66]。

国内学者对知识产权的研究始于我国 1980 年加入世界知识产权组织（WIPO），主要涉及法律及国际贸易领域。近年来，知识产权逐步成为国家级企业获取国际竞争优势的重要工具，部分学者开始从管理及战略管理视角对知识产权展开研究。

（1）基于法律法规视角的知识产权研究。陈丽（2002）研究了中国入世、TRIPS 协议给中国带来的影响，并给出相关建议[67]。田文英和潘峰（2006）提出了基因资源在知识产权制度下平等的利益分享机制，并建议获得基因专利时必须"提交利益分享合同"[68]。陈宗波（2008）认为：制定生物资源的收集、保存、交换、开发和利用产生的社会关系的知识产权法律制度刻不容缓[69]。王晓云等（2009）在借鉴相关国家规制知识产权滥用的立法及实践的基础上，提出我国遏制知识产权滥用现象的建议[70]。萧延高和范晓波（2010）论述了著作权、专利权、商标权和商业秘密的法律关系及其取得、运用和保护的方法[71]。宋柏慧等（2011）对知识产权滥用的内涵进行系统阐述[72]。董新凯（2013）认为反垄断法对知识产权滥用的规制属于国家知识产权战略的一部分，因此实施反垄断法要与"战略"的其他内容保持步调相同[73]。王艳丽和吴一鸣（2013）指出应当构建和完善统一的知识产权质押基础制度及知识产权质押融资配套制度[74]。汤亮（2014）认为保护知识产权的关键措施在于完善与加强相关法律体系和法律措施[75]。萨楚拉（2015）对在我国传统医药知识产权法律保护途径上的缺陷进行分析，并提出解决措施[76]。张帆等（2016）在考量传统知识的国际保护背景下，借鉴国外传统医药知识保护的先进经验，从专利保护、商标保护、著作权保护、商业秘密保护以及构建地区性保护屏障来探讨建立和完善我国传统中医药保护的制度[77]。刘斌和陶丽琴（2017）认为移动网络交易平台中存在着平台商主体定位模糊的风险、知识产权侵权风险、不正当竞争风险和规范风险，可以通过风险甄别、风险控制和风险预防三个阶段来构建移动网络交易平台知识产权风险防范体系；在风险甄别阶段，应注意识别各类风险的具体危害；在风险控制阶段，应针对各类风险提出有效的风险控制措施；在风险预防阶段，应重点建立区分明确的知识产权竞争预防机制和多元知识产权风险规范预防机制[78]。

（2）知识产权战略的研究：国家知识产权战略的理论研究。陈昌柏（1999）基于法律、技术和贸易争端视角分析国家知识产权战略[79]。

厉宁（2002）在系统阐述国家专利发展战略理论的基础上，提出了我国专利发展战略[80]。李灵稚和宗永建（2003）认为跨国公司对我国知识产权战略的目标是占领中国市场，其核心特点为封锁与限制[81]。周昕（2006）指出在国家知识产权战略的制定过程中，必须充分意识到国家知识产权战略和地方知识产权战略的不同[82]。顾华详（2012）认为保障和推进国家知识产权战略的顺利实施，必须坚持健全知识产权保护的立法与执法体制[83]。黄亦鹏等（2014）构建了产业集群发展与区域创新的知识产权战略模型，并提出实施分析框架[84]。中国高技术产业发展促进会知识产权战略研究课题组（2014）认为美国等发达经济体采取的知识产权战略是一种自生自发地实施的"据点战略"，而我国知识产权战略有可能造成则国民经济扭曲的"全国战略"[85]。李顺德（2014）认为在经济全球化时代，需从国家战略的层面去强化知识产权意识，防范知识产权风险，防止知识产权滥用[86]。邓艺等（2014）提出，决定中国知识产权事业发展演变的是国家知识产权战略与形象，二者之间的互动是一个多层级共同演化过程[87]。孙捷等（2017）探讨了专利和标准融合的主要形式，对我国专利标准化体系工作状况与美国、欧洲和日本的专利标准化国家战略现状进行了对比研究，并结合国外状况对我国标准和专利的知识产权战略中的问题提出了建议[88]。

产业知识产权战略的理论研究。毕春丽和潘峰（2006）认为在信息产业的快速发展过程中，制约信息产业制定出具备国际水准标准的关键是知识产权战略的缺乏[89]。郭建平和魏纪林（2010）以武汉东湖高新区光电子信息产业为例构建其知识产权战略[90]。丛立先（2011）提出我国文化产业知识产权战略的实施必须将国内政策选择与国际化策略推行结合起来[91]。詹映和温博（2011）认为行业知识产权战略有助于产业竞争优势的形成[92]。王海燕（2011）认为武汉城市圈文化创意产业知识产权战略的主体包含政府、行业协会和企业三个层面[93]。魏国平等（2013）认为战略性新兴产业知识产权战略以技术创新为导向、以知识产权运作为目标为基础，其中，完善战略实施的法律和政策体系、运行机制和外部的市场环境是关键[94]。史贞（2014）指出需要一套完善且不断更新的知识产权战略体系，从知识产权的创造、运用、保护和管理四个互相联系的方面来为新兴产业营造发展环境[95]。

企业知识产权战略的理论研究。徐雨森（2003）将企业核心竞争力分解为：核心技术能力、核心市场能力和核心组织能力，并对它们与知识产权战略的关系展开论述[96]。吕文举（2006）认为知识产权已成为企业在国际化竞争中获取市场竞争优势的关键[97]。冯晓青（2010）提出在推进国家知识产权战略的背景下，企业知识产权工作要从知识产权创造、管理、保护和应用四个方面着手[98]。冯晓青（2012）认为实施企业知识产权战略能够使企业获得市场竞争优势，赢得市场竞争主动权[99]。张涛和戴华江（2013）构建了海洋高科技企业知识产权战略地图，以此来帮助管理者更好地管理知识产权战略的执行[100]。李培林（2014）认为知识产权管理是企业实施知识产权战略的基础，并对企业制定和实施 IPR 战略流程的五个步骤进行阐述[101]。唐国华等（2014）基于开放式创新理念，研究了企业开放式知识产权战略的框架[102]。郭建军（2014）以矛盾理论为基础，结合专利制度的追求目标和知识产权的商业价值理论，分析各种矛盾体的现状、成因并提出相应的解决路径[103]。冯晓青（2015）认为企业知识产权战略实施的协同需要其整合内外部资源[104]。李潭（2016）从军民融合企业知识产权管理的内部、外部协同入手，基于交叉融合创新源理论，构建了军民融合企业知识产权协同管理的理想结构，并在此基础上设计了有效的组织结构，以实现军民融合企业深度融合[105]。张永成和郝冬冬（2016）认为，开放式创新下，知识产权的占有和使用途径更为多样化，知识产权管理已不再是"成功的创新需要控制"，而是更多地关注知识产权的跨组织流动和优化配置，探索知识产权管理与开放式创新有机结合的模式[106]。冯晓青（2017）企业知识产权战略是企业利用知识产权制度，为获取与保持市场竞争优势并遏制竞争对手，取得最佳经济社会效益的总体性谋划。我国企业大力实施知识产权战略，具有极其重要的意义和作用，包括贯彻落实国家知识产权战略；确保企业获得市场竞争优势、赢得市场竞争主动权；获得"知识产权优势"，提高知识产权能力，进而获得核心竞争力；突破国外跨国公司知识产权封锁，取得市场竞争主动地位；推动产业结构调整和经济转型升级，改变经济增长方式等[107]。

知识产权战略的实证研究：陈伟和于丽艳（2007）基于系统视角，构建了我国企业国际化经营知识产权战略系统绩效的评价指标体系，并运用 AHP—模糊综合评价模型进行实证评价[108]。唐杰和周勇涛（2009）运用因子分析、聚类分析与判别分析相结合的方法设计了我国企业知识产权战略实施绩效评价模型[109]。郭民生（2009）设计了一套适应我国现阶段知识产权战略实施效果综合评价的指标体系[110]。洪少枝等（2011）基于高新技术企业管理实践与样本调查实证分析，提出了由评价指标体系、评价内容与方法、支撑环境构成的知识产权战略评价系统构架[111]。赵嘉茜等（2013）构建了两阶段知识产权战略实施的投入产出模型，运用链式网络 DEA 模型测度了我国 29 个省级区域的知识产权战略实施绩效[112]。陈春晖和王雅利（2014）在分析知识产权战略实施绩效的主要影响因素的基础上，设计了知识产权战略实施的进程类与效果类指标[113]。丁涛和刘丽（2015）构建了知识产权战略评价指标体系，运用模糊层次分析手段对江苏省知识产权战略推进计划绩效进行了评价[114]。唐国华和孟丁（2015）在文献综述的基础上提出相关概念模型，并利用问卷调查和结构方程模型，构建并验证了基于中国经济发达地区样本数据的企业知识产权战略的维度结构；研究结果表明，企业知识产权战略维度可以分解为知识资源获取、知识产权管理及知识产权运用等三个方面；同时，还开发出一套经过实证检验的信度和效度良好的评价知识产权战略维度的具体测量量表[115]。陈伟等（2016）界定并解析了区域知识产权管理系统的概念及内在结构，建立了基于融合演变速度状态和演变速度趋势等速度特征的改进复合系统协同度模型，实证测度了我国各省级区域 2007～2013 年知识产权管理系统协同及其演变综合效度，实证结果表明：东部发达地区在该时期内知识产权管理系统协同度较高，但其演变综合效度却呈现疲软甚至下降态势；相比之下，虽然中西部欠发达地区各个时序的知识产权管理系统协同度较低，但其演变综合效度处于快速上升的发展状态[116]。康鑫（2016）构建开放式知识产权管理绩效评价指标体系，基于最优组合赋权法建立开放式知识产权管理评价模型，对 2014 年中国 30 个省、自治区、直辖市的高技术产业开放式知识产权管理绩效进行分析；结果表明，开放式知识产权管理绩效是知识知识产权开发、协同、运营、保护水平的综合体现，与区域经济水平、科研能力、知识产权市场竞争度等因素显著相关[117]。郭斌（2017）结合跨太平洋伙伴关系协定（TPP）框架下的高标准知识产权细则，尝试从开发、保护、运营三方面阐述并构建京津冀知识产权协同管理体系；以东京圈为参照对象，通过搜集分析两城市群知识产权管理的政策文本并选取 18 个虚拟变量建立二元 Logistic 回归模型，实证得出京津冀与东京圈在 1986～2016 年各时间阶段的政策演进特征具有显著的差异；在上述工作基础上，通过 2005～2013 年两城市群的科技数据分别计算区域知识产权管理系统的静态复合协同度[118]。陈伟等（2018）结合知识产权管理特点，构建包含开发、运营和保护 3 个维度，12 个指标的工业企业知识产权管理评价指标体系；基于离差最大化—灰色关联度对 2009～2015 年我国工业企业知识产权管理整体发展水平进行评价，并对我国东部、中部、西部和东北地区知识产权管理发展情况对比分析；研究发现，我国工业企业知识产权管理整体水平呈上升趋势；东部地区知识产权管理水平较高，东北地区知识产权管理水平相对较低[119]。

1.2.3 知识产权管理对产业（企业转型）升级影响的国内外研究

（1）技术创新对产业（企业转型）升级的影响：技术创新对产业结构升级的影响是当今学术界研究热点问题之一。Antonnelli（2005）、Ngai 等人（2007）和 Acemoglu（2008）认为技术变革影响产业动态，进而强烈影响经济系统结构。原因在于，经济部门的生产技术的进步速度不同，造成生产成本不成比例的变化，带来产量的此消彼长，最终引起产业结构变化[120-122]。Barrett（2009）认为，当处于经济衰退期时，企业可增加研发投入实现所在产业的升级[123]。Malerba（2011）通过回顾文献发现，在关于市场结构，企业的进入、退出以及衰落，产业动力以及产业演化等方面的研究中，大多数研究者认为创新和技术是关键的因素[124]。Russu（2015）研究 1990～2011 年罗马尼亚制造业产业结构的变化及影响因素时发现，技术水平、劳动力技能水平、增长率以及能源效率等多种因素影响着产业部门的发展[125]。

赵惠芳等（2008）运用 1995～2005 年我国 29 个制造业的面板数据，对技术创新投入对产业结构升级的影响进行实证研究，结果表明：技术创新投入对产业结构调整的影响与制造业行业的技术层次密切相关[126]。徐康宁和冯伟（2010）通过构建简要模型并基于案例的分析，提出了基于本土市场规模效应的技术创新的第三条道路，认为技术创新的第三条道路主要适用于大规模制造的现代产业，可作为中国产业升级的一种战略选择[127]。周永涛和钱水土（2012）利用 1998～2007 年中国省域数据，检验金融发展、技术创新水平对对外贸易产业升级的促进作用，研究结果表明：银行信贷与技术创新和对外贸易产业升级均具有显著的正向关系[128]。辛娜（2014）基于 2000～2012 年省级面板数据，利用空间面板回归和门槛面板回归模型，分析了技术创新对产业升级的影响机理：技术创新在促进产业升级过程中存在着空间溢出效应，且其对产业升级作用存在门槛效应[129]。丁一兵等（2014）运用估计方法考察了融资约束放松通过促进技术创新对本国产业结构优化升级产生的影响，结果表明：放松融资约束，推动技术创新活动的开展，进而能够促进产业结构优化升级[130]。

罗丽英和齐月（2016）从技术创新路径的视角研究了技术创新效率对出口产品质量升级的影响；理论层面，探讨了技术研发效率、技术转化效率和综合技术创新效率对出口产品质量的影响机制；经验层面，利用 2000～2013 年中国制造业行业层面的贸易数据，以修正的 H－S 模型测算了我国制造业 26 个子行业的出口产品质量，然后进行了总体和分类别的实证检验；结果发现，综合技术创新效率的提高显著促进出口产品质量升级；技术研发效率对出口产品质量升级的影响在高技术行业体现得最为显著[131]。林春艳和孔凡超（2016）结合我国 1997～2013 年省际面板数据，建立静动态空间 Durbin 模型研究技术创新、模仿创新以及技术引进对产业结构转型升级的空间传导机制；研究表明，总体来说，技术创新和技术引进有利于本地区产业结构合理化，且存在长期空间溢出效应。与之相反，模仿创新能够促进产业结构高级化，且长期正向溢出效应明显[132]。郑秋锦等（2017）基于 Malmquist – DEA 方法测算先进制造业的技术效率，并利用福建省 2010～2015 年的数据和面板向量自回归（PVAR）模型，探究技术创新对产业升级的影响；研究结果表明：技术人力资本水平、专利授权率、R&D 经费内部支出均对产业升级具有正向影响；技术人力资本对产业升级的影响存在即时性，而专利授权率和 R&D 经费内部支出对产业升级的作用存在较强的滞后效应[133]。陶长琪和彭永樟（2017）通过基于结构偏离度的 Hamming 贴近度、夹角余弦法、PCA 等测度了产业结构"两化"水平和技术创新强度，构建了基于经济集聚度的空间权重矩阵，并利用 1997～2014 年 30 个省域的面板数据进行 SDM 实证检验，结果表明：技术创新强度对我国"两化"发展具有显著为正的空间效应；经济集聚是促进创新对高级化空间效应的必要条件，它能将创新对合理化的空间效应放大近 4 倍[134]。

（2）产业（企业升级）对经济增长的影响：产业（企业转型）升级对经济增长的影响在学术界一直是研究的热点。Peneder（2002）认为产业结构升级有利于经济增长[135]。黄茂兴和李军军（2009）以中国 31 个省域为研究对象，验证了技术选择、产业结构升级与经济增长之间的关系[136]。高洋（2010）认为产业结构升级在促进经济增长方式转变上是通过引发技术进步和带动生产要素转移来实现的[137]。干春晖等（2011）认为产业结构合理化和高级化对经济增长具有显著的阶段性促进作用[138]。牛凯（2012）采用经济计量学的研究方法，构建农村产业结构偏离对农村经济增长影响的向量误差修正模型（VEC），并在此基础上就农村产值结构与农村就业结构的结构偏离对农村经济增长的影响进行了全面详细的实证分析，研究表明：农村产业结构偏离与农村经济增长之间存在长期均衡的协整关系，农村产业结构偏离相关变量是农村经济增长相关变量的 Granger 原因[139]。刘广斌（2013）以中国 1990 ~ 2012 年的时间序列数据为例，实证研究发现经济增长受益于金融发展和产业升级[140]。王智勇（2013）利用地市级统计数据，基于面板数据进行 2SLS 回归和 GLS 回归，结果表明：产业结构的变化及产业效率的提升是影响地区经济增长的最重要因素，也是形成地区差距的重要原因[141]。田银华和邝嫦娥（2014）对 1978 ~ 2012 年湖南省产业结构升级与经济增长之间的关系进行实证分析，发现产业结构升级与经济增长之间是一种稳态均衡关系[142]。王辉（2014）对湖北省产业结构升级与经济增长的关系进行检验，发现产业结构升级显著促进了经济增长[143]。周佩（2015）以 1995 ~ 2011 年广东省 15 个地级市的产业结构相关数据作为研究样本，对广东省产业结构变迁与经济增长之间关系进行研究；发现产业结构合理化与产业结构高级化都对经济增长有显著的影响[144]。徐辉和李宏伟（2016）基于广义矩估计法，将产业结构分解为产业结构合理化和产业结构高级化两个方面分析丝绸之路经济带中西北地区 30 个地级市 2004 ~ 2013 年的面板数据，得出结论：产业结构合理化与产业结构高级化均对经济增长有着显著影响，产业结构合理化对经济增长的影响更加稳定，产业结构高级化表现出不确定性[145]。李翔和邓峰（2017）从测度产业结构优化入手，把我国分为东中西 3 个区域，从产业发展的角度，采用空间计量模型对比不同区域以及不同经济规模下的产业结构高级化和合理化对经济增长的影响；结果显示：产业结构高级化和合理化对我国经济增长的作用具有明显的区域特征，在经济比较发达的东部区域，推动经济增长的主要力量是产业结构合理化；而在经济发展处于中游的中部地区，主要是产业结构高级化促进了经济增长；对于经济发展比较落后的西部地区，产业结构高级化和合理化对经济增长的贡献均不明显[146]。

（3）知识产权管理对经济增长的影响：研究知识产权管理（涵盖知识产权开发、保护与运营）对经济增长的影响也是学术界关心的课题之一，但主要集中在知识产权保护对经济增长的影响的研究领域。现有研究在知识产权保护对经济增长的影响方面存在三种主要观点：

一是知识产权保护对经济增长具有正向推动作用；Kwan 和 Lai（2003）假定模仿是个外生变量，运用产品种类扩张的内生增长模型分析知识产权保护对经济增长的影响，发现在一个封闭的经济系统中，加强知识产权保护能有效提高长期经济增长率[147]。Elias 和 Constantina（2008）基于质量改进型的内生增长模型和南北分析框架，发现发展中国家提高知识产权保护水平，将有利于发展中国家与发达国家创新效率与经济增长率的提高[148]。Joel Mokyr（2009）认为，知识产权制度能让专利申请者在较长时期内拥有专利独占权并且获利，而少数人的专利产品也会被大量消费，从而使消费者剩余增加，因此知识产权保护在促进经济增长与增进社会福利方面都具有明显的正向效应[149]。Theo S. Eicher 和 Monique Newiak（2013）利用两阶段最小二乘贝叶斯估计方法解决各国收入阶段内生性和模型不确定性问题，结果表明知识产权是基于研发的增长模型中经济增长的关键驱动力，适度知识产权保护对经济发展具有较强影响[150]。吴凯等（2012）利用 1980～2005 年 27 个发达国家和 22 个发展中国家的面板数据，采用固定效应与随机效应相结合的方法，检验知识产权保护对经济增长的影响效果；实证研究结果表明：加强知识产权保护对经济增长有正向的促进作用，加强知识产权保护和扩大国际贸易对经济增长的促进作用显著，加强知识产权保护和 R&D 活动对经济增长的促进作用不显著[151]。王佳琪（2013）通过运用两机制门限回归模型对我国 1987～2008 年的样本数据进行实证研究，发现在一定临界条件下，我国知识产权保护战略的转变能够促进经济可持续增长，从而推动我国跨越中等收入陷阱[152]。池建宇和王树悦（2014）运用面板数据分析方法，以人均实际 GDP 对数为被解释变量，以知识产权保护强度为解释变量，通过实证分析验证了我国加强知识产权保护与经济增长的关系，证明了中国的知识产权保护水平与经济增长之间的显著正相关关系[153]。陈恒和侯建（2017）选取中国 2002～2012 年省级面板数据，基于技术供给渠道的研究视角，采用面板门限回归模型，将自主研发渠道（R&D）和国际技术转移方式（FDI）的非线性门限性质引入模型，探讨知识产权保护与经济增长之间的内在关系，研究发现：随着自主研发渠道 R&D 投入强度门限的不断提高，知识产权保护对各地区经济增长和运行总体上起到了很大程度的正向效应，应鼓励内生自主创新带动经济增长[154]。池建宇和顾恩灝（2017）认为知识产权保护强度不但影响经济增长速度，而且可能会影响我国各省区之间的经济收敛速度，其实证分析表明，加强知识产权保护强度对经济增长存在显著的促进作用；同时，知识产权保护强度的提高会放缓我国各省间经济收敛的速度，有助于经济发达省份进一步强化其领先优势[155]。赵喜仓和张大鹏（2018）选取了 20 个经济较为发达省份的面板数据，从创新投入角度，采用门槛回归模型，研究在不同的创新投入条件下，知识产权保护对经济增长的影响；研究结果表明：随着 R&D 投入强度门槛值增加，加强知识产权保护对经济增长起到显著的正向影响；当不断增加研发人员时，加强知识产权保护对于经济增长的增益更大[156]。

二是严格的知识产权保护对经济增长具有反向阻碍作用。Helpman（1993）基于南北分析框架下的产品种类扩张模型，假定两国之间劳动力不能自由流动，则南方国家（技术模仿国）提高知识产权保护将不利于技术模仿，也不利于南方国家的经济发展[157]。Could 和 Gruben（1996）运用 95 个国家（地区）1960～1988 年的数据分析知识产权保护对经济增长的影响，结果也表明二者之间的作用不明显或呈负相关关系。Furukawa（2007）表明知识产权保护在无成本模仿的内生增长模型中不会提高经济增长，增强的保护通过增加垄断部门份额对经济增长有着负面影响[158]。Trefler（2010）的研究结果表明，过高的知识产权保护水平将会促进垄断行业的形成，阻碍技术扩散，不利于经济增长[159]。郑琴琴（2016）运用 stata 软件对面板数据进行分析，以人均实际 GDP 对数为被解释变量，以知识产权保护强度为解释变量，通过实证分析我国加强知识产权保护与经济增长的关系，证明了中国的知识产权保护强度与经济增长之间显著的负相关关系[160]。

三是知识产权保护与经济增长之间的关系是复杂的，而非单纯的正负相关关系。Foster 和 Greenaway（2006）认为，知识产权对经济增长的影响取决于经济发展的水平，它对低收入和高收入国家经济增长的影响是正面的、显著的，但对中等收入国家经济增长的影响则未必是正面显著的；尽管在高收入国家知识产权保护鼓励创新，新技术流入低收入国家，可是中等收入国家的知识产权保护可能抵消减少模仿范围的损失，不利于经济增长[161]。Janjua 和 Samad（2007）的实证研究结果不支持知识产权与中等收入国家经济增长之间的正相关联；虽然专利代表创新的一种激励机制，但它也能降低某些发明者的创新力，减少知识的溢出，这两方面结合表明专利保护与产出增长之间呈凹形曲线的关系[162]。John Hudson 和 Alexandru Minea（2013）在引入初始知识产权对人均 GDP 的影响和知识产权保护对技术创新的影响的统一计量框架下，利用发达国家和发展中国家的面板数据及 PSRT 方法来分析技术创新、知识产权和经济增长的光滑的非线性影响，发现提高知识产权保护水平会对技术创新及经济增长产生复杂的影响，而影响的强度及广度在很大程度上取决于人均 GDP 水平和初始知识产权[163]。余长林（2010）基于拓展水平创新的内生增长模型的研究表明，知识产权保护对发展中国家经济增长的影响呈现非线性关系的特征，其效应依赖于发展中国家与发达国家的技术差距；当技术差距较大时，宽松的知识产权保护政策会有利于发展中国家的经济增长；当技术差距较小时，严格的知识产权保护政策会有利于发展中国家的经济增长[164]。张先锋和陈琦（2012）基于中国 2000~2009 年 30 个省区市的面板数据，运用静态与动态面板数据模型实证分析了中国知识产权保护对经济增长的影响，发现前者对后者的促进作用在当期并不明显，而滞后一期的正向增长效应却很显著，二者之间呈明显的"倒 U 形"关系，即存在最优程度的知识产权保护，但当前中国知识产权保护水平尚未达到最优[165]。林秀梅等（2015）运用 2003~2011 年中国省际面板数据，采用面板门槛回归模型，对技术差距、知识产权保护与经济增长三者之间的关系进行实证检验；分析结果表明在我国技术差距存在双重门槛效应：低技术差距区间内知识产权保护对经济增长存在正向作用；中等技术差距区间内知识产权保护对经济增长的促进作用不显著；而高技术差距区间内知识产权保护对经济增长存在负向作用[166]。李静晶和庄子银（2017）从区域经济的特征差异着手，建立经济特征指标体系，基于时变参数向量自回归模型进行动态回归分析，讨论知识产权保护和区域经济增长之间的引导及均衡关系；研究表明在我国发达地区专利保护能促进经济发展和创新能力，在欠发达和中等发达地区会抑制技术创新能力[167]。王军和刘鑫颖（2017）从宏观和微观两方面构建理论模型，探究知识产权保护与经济增长的作用机制；选取 2000~2014 年 31 个省级区域的省际数据，利用面板回归模型及 ADL 模型，分别对长、短期变量关系做实证分析；研究表明，短期内知识产权保护强度与经济增速呈负相关关系，较强的知识产权保护制度不利于中国经济的平稳较快发展；而就长期趋势而言，知识产权保护强度由弱至强的平稳过渡是保证经济长期发展的必然选择[168]。

而知识产权开发（创造）、运营对经济增长的影响，学者们却鲜有研究。顾晓燕（2011）实证检验了知识产权创造对中国区域经济增长的影响，结果显示知识产权创造显著地促进了区域经济增长[169]。顾晓燕和严文强（2013）对高技术产业知识产权创造与高技术产业增长之间内在的依存和因果关系进行了实证研究[170]。王正志和袁祥飞（2014）在测算知识产权评估指数（由知识产权保护指数与知识产权创造指数综合而成）的基础上，测算与比较了北京市和广东省知识产权对经济增长的贡献水平[171]。王亚星和周方（2015）针对开放经济环境中技术领先国家和技术跟随国家的创新能力、知识产权保护力度和经济增长状态的关系进行了实证分析；通过对 37 个样本国家 1990~2013 年的面板数据分析，选用固定效应模型对前述变量间长期均衡关系进行了探讨，指出技术跟随国家的知识产权保护对技术领先国家有明确的促进作用，而对本国创新和经济增长的效应则取决于本国具体情况[172]。丁涛等（2015）通过协整检验、格兰杰因果关系检验和广义差分回归分析等手段，研究了 1992~2013 年我国知识产权市场发展与经济增长之间的关系；实证研究表明，我国知识产权市场发展与经济增长之间不存在明显的因果关系，知识产权市场交易对经济发展的拉动还不是十分明显[173]。曾鹏和赵聪（2016）将知识产权划分为专利和版权两个方面，利用中国 31 个省级区域 2000~2013 年的面板数据，分别对专利和版权影响经济增长的路径进行检验分析。结果表明：专利、版权数量的增多能够促进经济增长，但并不是越多越好。教育水平提高能够促进经济增长，技术市场对经济增长的作用不明显[174]。

（4）知识产权管理对产业升级的影响：学者们也从知识产权管理角度研究其对于产业（结构）升级的影响，主要集中在知识产权保护对产业升级的影响。Mansfield（1994）调查发现：美国在发展中国家的投资结构和范围与该国的知识产权保护水平密切相关[175]。陈宇峰等（2005）提出知识产权保护能够优化一国的产业结构，进而在国际市场中获取竞争优势[176]。陈丽静和顾国达（2011）认为发展自主知识产权保护体系是一条优化中国贸易与产业结构的有效路径[177]。许和连等（2012）研究发现：知识产权保护显著促进了中国工业结构的合理化与高级化，其作用渠道主要是研发创新、FDI 和出口[178]。朱树林（2013）研究发现：出口国知识产权保护制度通过激励其国内企业自主创新促进国内产业升级[179]。周游（2014）实证研究结果表明：提高中国知识产权保护水平，有利于中国吸引外资及出口产业结构调整[180]。杨珍增（2014）研究发现：提高知识产权保护水平，可以提升跨国公司在东道国投资项目的技术含量[181]。相比较而言，考察知识产权开发（创造）、运营（产业化）对产业升级影响的研究处于起步阶段。吴汉东（2015）认为必须推动知识产权产业化，将知识产权通过与产业结合进而直接贡献"质量效率型"的国内生产总值，进而实现经济结构的转型升级[182]。林秀梅和孙海波（2016）通过引入外生模仿率，将知识产权保护强度与产品质量升级联系起来，从理论层面证明二者之间存在非线性关系，采用系统 GMM 估计方法实证检验了知识产权保护强度对制造业出口产品质量升级的影响；整体估计结果显示，知识产权保护强度与制造业出口产品质量之间存在倒 U 形关系；分组估计发现，资本密集型产业和劳动密集型产业中知识产权保护强度与出口产品质量之间倒 U 形关系仍然存在，但在技术密集型产业中则表现出严格的知识产权保护促进出口产品质量升级[183]。祝树金等（2017）在分析了市场竞争与知识产权保护影响出口技术升级的机理的基础上，以 2000～2014 年中国

31 个工业行业的面板数据为样本，结合系统 GMM 估计方法进行实证检验；结果发现，市场竞争对中国工业行业的出口技术升级具有显著正向效应，知识产权保护在一定程度上抑制了中国出口技术升级，但在知识产权保护下市场竞争推动出口技术升级的效应更加明显[184]。薄晓东和邹宗森（2017）通过构建 VAR 模型，实证分析知识产权保护对中国外贸转型升级的影响，结果表明：我国外贸转型升级整体上保持上升态势，但存在不可持续性；知识产权保护对外贸转型升级过程中出现的波动性解释程度达到 7.98%，且具有长期的正向影响作用[185]。

1.2.4 国内外研究述评

国内外学者在制造业产业（企业转型）升级的内涵、驱动因素、路径、测度方法等进行了较为广泛和深入的研究；同时部分学者基于法律法规视角对知识产权展开研究，也在知识产权管理方面形成了一定的研究成果，研究领域不断拓展深化，研究方法日益多元化、定量化，研究体系逐渐完善。但仍存在不足。

（1）研究内容较分散。现有学者从不同的视角对知识产权进行了研究，分别涉及知识产权管理活动的各个阶段，包括知识产权开发与创造、保护、运营，但是研究内容分散且忽视了知识产权管理的系统性与整体性，导致知识产权建设理论之间缺乏内在的统一和联系。

（2）研究可操作性不强。现有的研究多是从政策角度揭示国家制定知识产权战略、企业进行知识产权管理的重要性、但并没有从微观角度对知识产权管理的过程进行系统阐述，特别是对系统的运转机制鲜有涉及，导致企业知识产权管理缺乏可操作性。

（3）研究特色不够鲜明。国内对制造业企业升级的研究还停留在沿用国外理论和发展经验的阶段。对于发展符合中国国情和具有中国区域特色的制造业企业升级特征、运行机制和效果评价的理论和实践研究还有待探索和发展。

（4）对知识产权管理的评价，已有的研究一般从单一方面：定性或定量、静态或动态进行评价；而鲜有研究从系统的视角运用定性与定量相结合对制造业企业转型升级知识产权管理系统运行效果进行评价。

（5）已有研究考察了技术创新对产业升级的影响或者知识产权管理（主要是基于知识产权保护的角度）对产业升级的作用，然而鲜有研究将这三者结合起来考虑。实际上，在技术创新对于产业升级是否具有促进作用的这一问题上，知识产权管理至关重要。因此，孤立地研究技术创新对产业升级的影响是不完整的，而应将知识产权管理、技术创新与产业升级纳入同一框架下来系统分析。

（6）关于产业（结构）升级对经济增长的影响、知识产权管理（主要是基于知识产权保护的角度）对产业（结构）升级的影响，知识产权管理（主要是基于知识产权保护的角度）对经济增长的影响，诸多学者已做了丰富的研究。但是，鲜有学者将这三者结合起来系统分析。在产业升级能否促进经济增长这一议题上，知识产权管理起着关键作用。因此，不考虑三者之间的内在联系，割裂地分析产业升级对经济增长的影响是缺乏科学性与有悖完整性的，而应将三者纳入同一框架下来系统分析。

综上所述，当前理论界针对制造业企业转型升级知识产权领域的研究多是对现象的描述与经验的总结，没有对制造业企业转型升级知识产权的有效开发、保护与运营进行系统分析与研究。而且对于知识产权管理在促进产业升级及绿色增长转型的影响鲜有研究。因此，本书基于系统论与知识产权纵向管理过程视角，构建珠三角地区制造业企业转型升级知识产权管理系统，分析其构成子系统，阐述其运行机制，并对其运行效果进行实证研究。

1.3 本书的研究思路与方法

1.3.1 研究思路

本书在对国内外关于制造业企业转型升级与知识产权管理有关研究

成果进行梳理、总结与提炼的基础上，对珠三角地区制造业企业转型升级知识产权管理系统进行理论分析与实证研究。第一，本书的绪论部分主要阐述论文研究的背景、目的和意义，分析相关研究领域的国内外研究现状，并对其进行梳理、归纳和评述；介绍本书研究思路和研究方法及本书的创新之处。第二，介绍了本书的理论基础，主要涵盖知识产权管理理论、技术创新理论、产业（企业转型）升级理论与系统理论。第三，从珠三角地区制造业概况及珠三角地区制造业转型升级面临的挑战介绍了珠三角地区制造业发展的基本情况。第四，从知识产权开发管理、保护管理与运营管理等三个方面分析珠三角地区制造业企业知识产权管理活动现状，并阐述其存在的突出问题。第五，对珠三角地区制造业企业转型升级知识产权管理系统进行构建，分析其内涵与特征，并重点阐述其三个构成子系统：知识产权开发管理子系统、保护管理子系统、运营管理子系统，并将三个子系统视为三个单摆，从三摆耦合机理分析子系统间的关联关系。第六，对珠三角地区制造业企业转型升级知识产权管理系统运行机制进行分析，主要包括耦合机制、动力机制两个方面。第七，构建珠三角地区制造业企业转型升级知识产权管理系统运行效果评价指标体系，运用基于微粒群算法定权改进 TOPSIS 法的评价模型对珠三角地区制造业企业转型升级知识产权管理系统的运行效果进行实证评价；第八，运用面板数据模型考察了知识产权管理在技术创新驱动珠三角地区制造业企业转型升级中的影响及作用机制；第九，运用面板数据模型考察了知识产权管理对珠三角地区制造业企业转型升级促进工业经济绿色增长转型的影响及作用机制，以此来验证构建珠三角地区制造业企业转型升级知识产权管理系统的必要性；第十，结合实证分析结果，提出提升珠三角地区制造业企业转型升级知识产权管理水平的对策。

根据上述思路，本书的基本框架如图 1.1 所示。

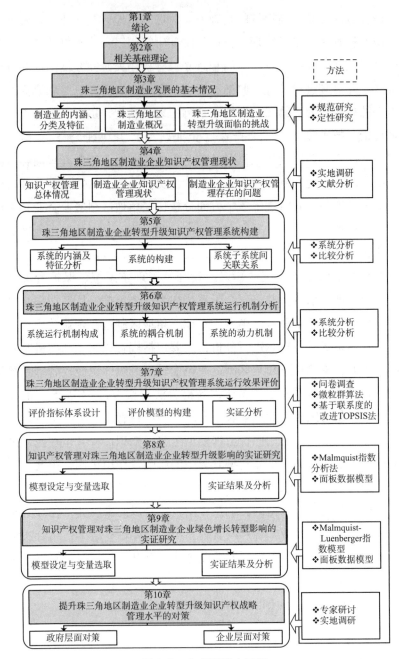

图 1.1　本书的基本框架

1.3.2 研究方法

本书所涉及现实问题的复杂性和多学科交叉的特点，决定了应对多种研究方法进行集成。

（1）文献研究。梳理国内外制造业转型升级、知识产权管理的研究和实践成果，融合复杂系统理论、技术创新理论、产业经济学理论等相关理论，构建本书的理论基础，在此基础上构建研究的一般分析框架。

（2）实地调查与问卷调查相结合。对广州、东莞等珠三角地区的典型制造业企业进行深度访谈，通过访问、座谈会等形式了解珠三角地区制造业企业转型升级知识产权管理的直接与间接影响因素，确立对珠三角地区制造业企业转型升级知识产权管理系统运行效果进行评价的各项指标。

（3）定性分析与定量分析相结合。运用定性分析方法对制造业企业转型升级知识产权管理系统运行效果评价指标进行选择，通过数据收集，运用基于微粒群算法（PSO）定权的改进 TOPSIS 法对制造业企业转型升级知识产权管理系统运行效果进行综合评价，运用面板数据模型考察知识产权管理对珠三角地区制造业企业转型升级及经济增长绿色转型的影响。定性与定量相结合的方法，增强了研究的可靠性。

1.4 本书的创新之处

（1）构建珠三角地区制造业企业转型升级知识产权管理系统，包括知识产权开发管理、保护管理和运营管理三个子系统，并揭示珠三角地区制造业企业转型升级知识产权管理系统的子系统间的关联关系及系统运行的耦合机制与动力机制。

（2）在珠三角地区制造业企业转型升级知识产权管理系统运行效

果评价中，提出了一种新的指标权重确定方法——基于微粒群算法的客观定权法。该方法的关键在于：通过以与最优和最劣对象距离之和最小为准则，建立一个关于权重的非线性规划问题，运用微粒群算法（PSO）来求解指标的权重；通过运用微粒群算法的学习能力，利用数据蕴涵的信息来确定评价指标的权重，此方法客观性强。

（3）尽管已有研究考察了技术创新对产业升级的影响或者知识产权管理（主要是基于知识产权保护的角度）对产业升级的作用，然而鲜有研究将这三者结合起来考虑。实际上，在技术创新对于产业升级是否具有促进作用的这一问题上，知识产权管理至关重要。因此，孤立地研究技术创新对产业升级的影响是不完整的，而应将知识产权管理、技术创新与产业升级纳入同一框架来系统分析。本书从系统的角度研究知识产权管理、技术创新与产业升级三者之间的关系，运用 2004～2013 年广东省 21 个地市（具体细分为珠三角地区、东翼地区、西翼地区、粤北山区四大区域板块）的工业面板数据的工业面板数据，考察知识产权管理、技术创新绩效对制造业产业升级的影响。

（4）运用面板数据模型对知识产权管理、制造业企业转型升级与绿色经济增长三者之间的关系进行实证分析。理论上认为：知识产权管理已渗透和融入关键核心技术突破、创新链延伸、产业链跃升、价值链提升、产品结构优化、技术结构升级等转型升级的主要环节和过程。为此，本书从系统的角度研究知识产权管理、制造业企业转型升级与绿色经济增长三者之间的关系，从实证角度来验证知识产权管理对促进珠三角地区经济增长绿色转型的正面影响。本书运用 2004～2013 年广东省21 个地市（具体细分为珠三角地区、东翼地区、西翼地区、粤北山区四大区域板块）的工业面板数据，考察知识产权管理、制造业企业转型升级对绿色经济增长的影响。

第 2 章

研究的相关基础理论

2.1　知识产权管理相关理论

2.1.1　知识产权理论

2.1.1.1　知识产权的内涵

"知识产权"（Intellectual Property，IP），最早也被称为"知识（财产）所有权"或"智慧（财产）所有权"，而"知识产权"这一词最早起源于 17 世纪中期，由法国学者卡普佐夫在其相关的著作中最先提出，后来，在他的基础上比利时的学者皮卡弟把知识产权定义为一种特殊的权利范畴，根本不同于对物的所有权。直到 1967 年《世界知识产权组织公约》签订，把知识产权定义为"人类智力创造的成果所产生的权利"，知识产权这一词才得到世界上众多国家的认可。1986 年《中华人民共和国民法通则》颁布，我国开始正式采用"知识产权"这一称谓。

国际上认可的对知识产权的界定主要有以下两种，如表 2.1 所示。

表 2.1 　　　　　　　　　国际上对知识产权主要内容的界定

界定机构	主要内容
世界知识产权组织（WI-PO）《世界知识产权组织公约》	关于文字、艺术和科学作品的权利
	关于表演艺术家的演出、录音和广播的权利
	关于人们努力在一切领域的发明
	关于科学发明的权利
	关于工业品式样的权利
	关于商品商标、服务商标、厂商名称和标记的权利
	关于制止不正当竞争的权利
	在工业、科学、文学或艺术领域里一切其他来自智力活动的权利
世界贸易组织（WTO）《与贸易有关的知识产权协议》	版权与邻接权
	商标权
	地理标志权
	工业品外观设计权
	专利权
	集成电路布图设计（拓扑图）权
	未披露过的信息专有权

在我国，把知识产权分为工业产权和版权。工业产权是指由发明专利、商标以及工业品外观设计等方面所组成的，主要包括专利、商标、服务标志、厂商名称、原产地名称、制止不正当竞争，以及植物新品种权和集成电路布图设计专有权等；版权，又称为著作权，是指由自然科学、社会科学以及文学、音乐、戏剧、绘画、雕塑、摄影和电影摄影等方面的作品组成的，主要包括著作权、著作邻接权、计算机软件制作权等[186]。

2.1.1.2　知识产权的特征

正如比利时法学家皮卡弟认为，知识产权是一种不同于对物的所有权的特殊法律范畴，知识产权所包含的独特内容和知识资产的特殊性质使得知识产权具有以下特点。

第一，知识产权具有无形性。知识产权是知识形态的无形财产权，不同于有形财产那样在物理上占据空间，也不能看得见摸得着。知识产权所依附的智力成果要为人们所认知和利用，需要以一定的表现形式体现其客观存在，这些以文字、图画、图纸、图表、数据、配方、音像、工艺等形式表现出来的智力成果，就是知识产权保护的客体。也正是由于知识产权的这种无形性，它的价值会随着时间和外部情况的变化而产生变化，同一知识产权不同时期拥有不同的价值。

第二，知识产权具有依法审查确认性。取得知识产权往往需要有法律上直接而具体的规定，根据一定的法律程序进行申请、审批、登记，知识产权通过专业法定部门的认可才能得到相应的法律保护。

第三，知识产权具有专有性，即独占性或者排他性，主要表现为权利人对知识财产享有独占权利，并且受到严格保护，同一项知识产品的同一属性的知识产权是唯一的。权利人可以更有效地利用知识产品专有性获取最大经济效益，大力推进知识产品的转让和应用，也能够促进其额外价值的实现。

第四，知识产权具有地域性。知识产权的法律效力只在本国境内发生作用，受本国法律及本国参与的国际条约的约束和管辖。

第五，知识产权具有时间性。法律对知识产权的保护有一定的有效期限，一旦期限届满，知识产权就失去了保护效力，进入公有领域，权利人以外的任何人都能使用而不构成侵权，特别是专利权有效期是不允许续展的[187]。

2.1.2　知识产权管理理论

2.1.2.1　知识产权管理的内涵

为了规范知识产权工作，充分发挥知识产权制度的重要作用，促进自主创新和自主知识产权的形成，推动知识产权的开发、保护、运营，由专门的知识产权管理人员利用法律、经济、技术等方式方法所实施的有计划地组织、协调、谋划和利用的活动，就是知识产权管理。

知识产权管理从其管理过程上包含以下几部分内容：知识产权战略制定、知识产权制度建立和执行、知识产权管理组织构建和人员配备、生产经营中知识产权策略指导、知识产权获得和维护、知识产权交易和转化、知识产权信息利用、知识产权纠纷预防和处理等。总的看来，企业知识产权管理涉及从技术研发前的创新准备到创新成果产业化的全过程，与企业所有的生产经营活动密切相关。

在传统观念中，知识产权管理是对企业已经或者即将取得知识产权以静态保护为主要内容的管理，随着人们对知识产权管理的认识不断深入，知识产权管理任务不再局限于传统观念所规定的范畴，现代企业知识产权管理的任务应该包括产生新的知识产权、促进知识产权的商品化、保护知识产权几个部分相结合[187]。

2.1.2.2 知识产权管理的特征

（1）知识产权管理的一般特征。

①管理目标的柔性化。在知识产权管理活动中，知识创新存在着很强的不可预知性，这就决定了管理目标具有一定的非确定性，往往表现为一种具有较多或然性的指标体系。知识活动的目标只能是预测几种可能的结果和不同的实施手段来推测各种可能的预案。在各种可能的预案均能够实现或者均未能实现的情况下，依然很难据此断言一项知识创新活动的成功或失败。但是，管理目标的非确定性反映出了知识产权管理目标的柔性化。

②管理过程的人本化。由于只是本身带有的人身属性，使知识产权管理就像对知识的管理一样在很大程度上要通过对拥有知识的人的管理体现出来。它鼓励思想的自由和创造力的充分发挥为基础，强调打造平等、合作、宽松和有利于积极创造的平台，通过对人力资本的有效配置，对社会、单位、个人三个基本方面的利益合理分配，并追求最完善的保护，同时不断扶持、培育、提高和解放发明创造的生产力。

（2）知识产权管理的专属特征。

①战略性。从知识产权管理活动的纵向关系来看，它不但涉及从技术创新到知识产权获取的整个阶段，而且涉及从对已获取的知识产权的维持到其整个有效期内保护的阶段，从对所拥有的知识产权的日常管理到知识产权应用的阶段，最终涉及从知识产权的市场运作直至形成经营的阶段。从知识产权管理在全球经济市场竞争中的作用的横向关系来看，它又与企业的生产、运营等活动密切相关。在知识经济时代，知识产权作为最核心的权利，正发挥着越来越重要的作用，因而具有影响全局的战略性特征。

②复合性。这个特征是由知识产权自身的本质特征所决定的，它与科技、艺术、法律、经济、人文、互联网等很多领域之间存在着千丝万缕的内在联系，这就导致知识产权管理也就必然具有上述各个领域的相关特征。在实践中，它会根据具体活动情况，将各个领域的知识有机结合起来，形成实践活动的整体。

③综合性。知识产权管理是一个复杂的过程，涉及知识产权的多个方面，包括知识产权管理战略的制定、人力资源的配备、工作机构的组织、制度的制定和执行、目标的实现等一系列的内容。它并不能独立于企业之外而单独运行，必须与其他的经营管理相结合才能发挥真正的作用。处于不同阶段的知识产权管理目标不同，就必须要建立不同的管理任务，因此，这就决定了知识产权管理必须是与管理的各项职能相匹配的过程[188]。

2.2　技术创新理论

2.2.1　技术创新的定义演变

率先提出创新理论是熊彼特在 1962 年的《经济发展理论》，之后他又在他的另一本著作《资本主义、社会主义与民主》中强调了创新的"创造性破坏"作用。尽管是他首次提出了创新的概念，但他并没有直接针对技术创新下个严格的定义。因此，之后的学者便在他的研究基础之上，不断提出了各自对技术创新的理解。其中，比较权威且全面的是1951年，索洛对技术创新的界定。他认为技术创新是新思想的来源和后来阶段实现的一个发展过程，该定义是技术创新定义的一个里程碑式的发展。

1965，林恩首次从创新的时序过程角度对技术创新定义提出了自己的见解。他认为技术创新是一个对技术商业潜力的认识和将其转化为商品的行为过程。曼斯菲尔德后来对其进行了延伸，他认为技术创新是企业在构思新产品时，以新产品的销售和交货为最终目的的探索性活动。著名经济学家弗里曼也提出了自己对技术创新的理解，他把技术创新当作是一个新产品、新服务、新系统和新过程的首次商业化转化过程。

国内对技术创新定义进行比较细致的研究是从20世纪80年代开始的。其中，傅家骥从企业层面提出了技术创新是企业为了获得商业利益，而开辟的一系列科技、组织、商业和金融等活动。彭玉冰和白国红也从企业层面提出了技术创新是企业家对生产要素、生产条件等进行的重组，以便获得更高效的生产体系的过程。吴贵生认为技术创新本质上就是一种以技术为手段实现经济目的的经济活动过程。党中央和国务院也在1999年的文件中提出了技术创新的定义：技术创新就是企业应用新工艺、新技术和创新知识，采用新的经营管理模式和生产方式，提升产品质量，开发新产品，提供新服务，从而达到占领市场最终实现市场价值[189]。

至今国内外尚未对技术创新形成一个严格定义，比较一致的观点是："当一种新思想和非连续的技术活动，经过一段时间后，发展到实际和成功商业应用的程序，就是技术创新。"以此为基础，本章认为，技术创新是以其构思新颖和成功商业实现为特征的有意义的非连续事件。简单地讲，技术创新就是技术变为商品并在市场上销售得以实现其价值，从而获得经济效益的过程和行为。

2.2.2　技术创新的过程理论

企业技术创新过程涉及创新构思产生、研究开发、技术管理与组织、工程设计与制造、用户参与及市场营销等一系列活动。在创新过程中，这些活动相互联系，有时要循环交叉或并行操作。技术创新过程不仅伴随着技术变化，而且伴随着组织与制度创新、管理创新和营销方式创新。因此，在广义上，企业技术创新还包括组织与制度创新、管理创新和市场创新。

从 20 世纪 60 年代以来，国际上出现了五代具有代表性的企业技术创新模型。

（1）技术推动的创新模式。

在技术创新理论的初期，人们将技术创新的逻辑起点定位于技术上的突破，技术创新是技术推动的结果，研究与开发（R&D）或科学发现是创新的主要来源，技术创新是由技术成果引发的一种线性过程。这一过程起始于 R&D，经过生产和销售最终将某项新技术、新产品引入市场，市场是研究开发成果的被动接受者。体现这种观点的是技术推动的创新过程模型，如图 2.1 所示。

图 2.1　技术推动的创新模型

事实上，许多根本创新确实是来自于技术的推动，对技术机会的认识会激发人们的创新努力，特别是新的发现或新的技术常常易于引起人们的注意，并刺激人们为之寻找应用领域。如无线电和计算机这类根本性创新就是由技术发明推动的。

（2）需求拉动的创新模式[190]。

20 世纪 60 年代中期，许多学者通过对技术创新的实证研究发现，大多数创新特别是渐进性创新，并不是由技术推动引发的，而是市场需求和生产需要所激发的。需求拉动的创新过程模型所反映的正是这种认知，如图 2.2 所示。

图 2.2　需求拉动的创新模型

需求拉动的创新在落后技术中发生较多，而技术推动的创新在新出现的技术中较常见。这是因为在技术推动的创新中，技术知识主要存在于创新者之间，使用者对新技术了解不多。需求拉动的创新多是渐进性创新，而技术推动的创新则主要是突破性创新。

（3）技术与市场交互作用的创新模式[191]。

20 世纪 70 年代和 80 年代初期，人们提出了另一种创新过程模型，即技术与市场交互作用的创新过程模型，如图 2.3 所示。技术与市场交互作用的创新过程模型强调创新全过程中技术与市场这两大创新要素的有机结合，认为技术创新是技术和市场交互作用共同引发的，技术推动和需求拉动在产品生命周期及创新过程的不同阶段有着不同的作用，单纯的技术推动和需求拉动创新过程模型只是技术和市场交互作用创新过程模型的特例。

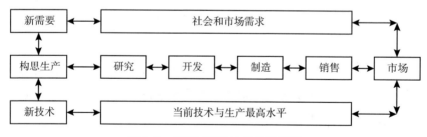

图 2.3　创新过程的交互作用模型

（4）一体化创新模式。

一体化创新模型是 20 世纪 80 年代后期出现的一种创新模型，它不是将创新过程看作是从一个职能到另一个职能的序列性过程，而是将创新过程看作是同时涉及创新构思的产生、R&D、设计制造和市场营销的并行的过程，称为一体化创新过程模型，如图 2.4 所示。它强调 R&D 部门、设计生产部门、供应商和用户之间的联系、沟通和密切合作。

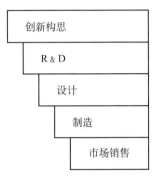

图 2.4　一体化创新过程模型

（5）"链环—回路"的创新模式。

克莱茵和罗森伯格于 1986 年提出了技术创新的"链环—回路"模型。这一模型是分析技术创新过程的较为全面、富有启发性的模型。这个模型实际上包括了交互作用模型的内容，它的基本特征是认为在技术创新过程中所有不同阶段之间存在多种联系，每一阶段所开发与积累的知识对其他阶段都是有益的，且存在着一个相互反馈的过程，即在这个过程的所有阶段都存在着反馈。这一模型的构成如图 2.5 所示。其中，c 表示核心创新连锁；f 表示反馈链环；F 表示特别重要的反馈；K-R 表示通过知识与科学技术研究的联系以及反向路线；如果问题在 K 节点得到解决，则 3 和 R 之间的联系并不启动。研究活动能否赢利无法确定，故以虚线表示；D 表示发明与设计过程中的问题与科学技术研究的直接联系；I 表示以仪器机械、工具和技术工艺支持科学研究；S 表示生产领域支持科学研究活动以直接获得信息。所获之信息可以应用于连锁的任何环节上。

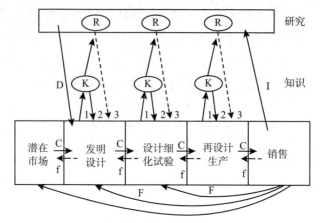

图 2.5　链环—回路模型

技术创新还是一种投入产出过程，是一个人力、资金、技术和信息等创新要素投入，通过要素的作用、转化，不断产生新思想、新技术、新产品等创新成果的过程（如图 2.6 所示）。

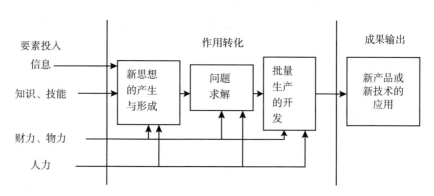

图 2.6　技术创新的投入产出

这一过程大体上分为三个阶段：要素投入、作用转化、成果输出。其中作用转化又可分为三个子阶段。要素投入在创新活动的开始，主要是信息、知识，重点是市场与用户的需求信息、技术进展信息，随后是人、财、物的投入，并逐步加大。在作用转化阶段，新思想的产生与形成就是分析确认市场需求状况，将所认识到的需求与技术上的可能性，在一个设计思想中融为一体，这是把两方面因素联系起来的一个创造活动，同时需要对新的设计思想进行评价。问题求解是指在新思想形成和设计概念产生之后，提出了需要解决的问题，要求投入人力、物力、财力，寻求解决办法（问题可能是不断产生的，并要求新的解决方法；如果遇到无法解决的问题，创新将不得不中断或停止）。批量生产的开发是在问题求解之后进一步验证、改进设计思想，解决批量生产所必须解决的问题。成果输出是新技术、新产品首次得到应用并向市场扩散。

这一过程实际上是一个循环往复、存在反馈回路的过程，而不是简单的直线式发展过程。每个阶段通常也不是由单一活动构成，可能出现要素投入、新思想和新方法的产生、决策等多种活动，它们结合在一起，形成复杂的过程活动[192]。

2.3　产业（企业转型）升级理论

2.3.1　产业升级理论

关于产业升级的定义，学术界至今仍没有给出一个权威或统一的答案。产业升级一词包含三种意义。

一是指单各产业的升级，涉及单个产业的进化和发展，即某一产业中企业、产品或服务数量和质量的变动。

二是指产业结构的升级，而这一概念本身涉及多个方面的内容。比如源于经济结构演变的历史分析提出的产业结构升级，一般有两层含义：①根据库兹涅茨的统计分析结果，指的是在发达国家的增长过程中，各个产业部门所表现出的类似的变动趋势，即第一产业的份额明显下降，第二产业的比重明显上升，第三产业也略有上升。②是指发生在工业部门内部的产业由低级向高级，由低劳动生产率向高劳动生产率，由低附加值向高附加值，由劳动密集型向资本、技术、知识密集型的发展变化过程。再比如，从产业结构的静态概念出发界定产业结构的动态升级过程。产业结构是指国民经济中产业的构成及其相互关系，从"质"的角度动态地揭示产业间技术经济联系与联系方式不断发展变化的趋势，揭示经济发展过程的国民经济各个产业部门中，起主导或支柱地位的产业部门不断替代的规律及其他相应的"结构"效益；从"量"的角度静态地研究和分析一定时期内产业间联系与联系方式的技术经济数量比例关系。产业结构升级就是指产业结构及其内容不断变化的过程，包括产业结构由低级向高级演进的过程和主导产业的变化、更替。

三是指既包含单个产业升级，又包含结构的升级。产业结构升级是指产业结构中的各产业地位、关系向更高级更协调的方向转变过程。单个产业在产业结构中的地位变化，是由其自身的发展状况而决定的，当多个产业自身的发展改变了各自在产业结构中的地位，也就改变了各产业之间的关系，这时产业结构就走向更高一层，产业结构就实现了升级。单个产业升级和结构升级两者是紧密相关的。前者是基础，后者是必然结果[193]。

2.3.2　企业转型升级理论

2.3.2.1　企业转型的定义

转型是指事物的形态、运转模式和人们观念从根本上发生转变的过程。转型的过程是一个积极主动求新求变的创造性过程。企业之所以转型是为了增加并持续提升自己的核心竞争力，只有这么做才能使其在竞争日益激烈的当代社会获得强大的风险抵抗力，处于不败之地。

国外部分学者研究企业转型主要是从产业转型角度出发，迈克尔波特的观点是企业是否在一个处于上升的、有发展空间、有利润余地的产业，以及该企业在其中是否具有竞争优势，是决定一个企业能否盈利的关键。所以，当企业在原来的产业中已经无法盈利，企业可以考虑原企

业是否无法满足自己的发展要求，企业是否需要转型。还有部分学者从
企业再造角度指出，企业必须从观念上、行动上甚至企业文化上做出全
新改变，这才是企业转型。

升级是指从较低的形态向较高形态的转变。不同学者对升级给出的
概念是不同的，从产业方面来说，有的学者指出产业升级实际上是将产
业结构更加高级化和高度化，或者说是产业结构的优化。陆国庆
（2003）研究表明，他将产业升级和生物进化相类比，指出两者都是由
低级到高级、由简单到复杂的过程[194]。Humphrey 和 Schmitz（2002）
着重企业层面的研究，他认为企业的升级是指其本身获得技术和市场方
面的能力，使自己更具有竞争力，可以从事附加值更高的工作[195]。Ka-
plinsky（2002）研究表明，企业能高效的生产更多更好的产品，或者企
业能够从事更多需要专项技能的活动即为企业升级[196]。国内学者梁楚
云（1991）研究指出，我国企业升级是指根据政府部门的统一部署，
目的在提高产品品质、降低物耗并且要在此基础上保障生产安全和企业
经济利润的增加而进行的活动[197]。Humphrey 和 Schmitz（2002）在价
值链理论的基础上，将企业升级分为工艺流程升级、功能升级和产品升
级三大类：工艺流程升级主要是指提高企业的生产效率，功能性升级是
指企业重组价值链中的各价值环节，产品升级是指企业增加产品范围，
提高产品或者服务的附加价值[195]。

2.3.2.2　企业转型升级的动因与类型

很多学者从不同的角度出发对企业转型的动因和类型进行研究，给
出了很多不同的研究结果，本章将相关文献整理后总结出如下几点。

（1）动机。

企业转型升级的动机可以分为主动和被动。企业主动转型升级大多
是为了企业能够长久发展，或者已经预感到未来市场将产生新的商业模
式、技术、竞争对手以及企业的目标市场的消费者行为会发生改变，针
对以上的变化企业选择做出主动改变，制定企业转型升级的计划，并进
行策略升级和组织改造的过程。相对的，被动转型是指企业出现危机或

者衰退先兆，生存受到威胁，企业被迫通过转型来扭转不利的状况。通常来说，被动的产业升级一般都没有战略高度，缺乏持续性，企业的转型升级会出现转型策略很难贯彻下去的状况。

（2）阶段。

转型升级的过程是持续不间断的。Davidson（1993）在研究了50家不同企业的转型后，将企业转型分成以下三个阶段：自动化阶段、增强阶段、重新定义阶段。Kotter（1995）在研究了上百家规模大小不同的企业的转型升级过程之后，提出了企业转型升级必需的八大步骤，并给出结论，企业转型没有快捷方式，必须按部就班一步一步进行，必须要经历很多前后分明的过程，这是无法不能跳跃和忽略的。

（3）类型。

国内外学者对企业的转型升级依靠不同方式可分为不同类型，如表2.2所示。

表2.2   转型升级的类型

学者	主要观点
Bibeault	将企业转型分为五种类型：以管理流程为主、以产品的更新换代为主、以政府政策关联度为主、以商业循环为主、以竞争环境为主
Adrian	提出了七种价值转移的形态：多方向的转型模式、脱胎换骨彻底、转型但不转行、多种类别的转型模式、从传统的销售模式转变成平价流通模式、从整合企业系统到组织的专业分工、从传统销售模式到高附加价值产品生产
Anderson	依照企业转型的程度，将企业转型分为三种类别：发展型、过渡型和转变型
许士军	依照企业转型升级前后的主要事业内容的改变和企业产品整合重组的方式，区分了企业转型的类型
许学峰	从公司战略管理角度出发，分为五种类型：公司战略、业务战略、职能范围、项目战略以及专题战略的转型

企业的转型升级可以从很多方面来进行，如组织的功能、产品层次、企业处在产业链中的环节等方面，企业管理者必须在全面考虑企

业自身的资源、技术能力、人员状况、财务水平、产品层次等现实情况的基础上，决定变革的时间和内容等，给出最佳和最有效的升级转型方案[198]。

2.4　系统理论

2.4.1　系统的内涵

系统科学认为：系统是一切事物的存在方式之一。按照现代系统研究的创始人贝塔朗菲（1937）的定义："系统是相互作用的多元素的复合体"。也就是说系统是由多个相互联系、相互作用的元素构成的整体。虽然，各个组成部分的特性决定了系统的整体特性，但是系统除了具备各组成部分的特性外，还具有新的整体的特性，这正体现了其整体的特性"整体大于部分之和"。

系统的概念不是一个经验性的概念，而是通过复杂的理智活动产生的，是在严格的学术研究中，遵循独特的学术路径，为了解释事物的存在和运行的特殊方式而特意创造出来的。称某种事物为"系统"，或者具有"系统性"，也就是说人们用"系统的方法"来观察、研究和陈述该事物；从"系统性"的角度，运用"系统的方法"来研究其内部各组成部分的特性，以及系统的整体特性。

2.4.2　系统的特征

一般系统论认为系统是一定边界范围内部相互作用的多个要素的整体。它包括边界性、组织性、动态性，即相对的边界、内部的多个动态变化着的要素、要素之间的相互作用，以及由这三者所构成的整体性。

（1）边界性。

边界是相对稳定的系统在时空中延展范围的一定界限，它具有动态性和相对性的特点，企业系统具有更大的模糊性和开放性。边界将系统与环境区别开来。环境是指与系统相关的外部条件和联系的总和。一般系统论虽然认为系统的内部联系是决定事物性的根本原因，但是这种内部联系不是孤立的，而是与环境因素相联系的。

（2）组织性。

组织是关于系统内部的种种联系性的概念，它概括了系统内部联系的方式、性质和作用，联系的整体性等。系统内部的联系有两种方式："单向作用和双向作用"前者使系统表现为简单性和机械性，后者使系现出有机性和复杂性。企业系统中不可避免地存在着由单向作用形成的"树"形结构组织，即所谓的"科层组织"或"官僚组织"，总体上为机械组织"如果一个系统中所有子系统间存在着相互作用，则这个系统表现出一种"全息性"，从而具有许多奇特的整体性，如从部分可以获得系统的全部状态信息，系统是完全协同的。结构是多个子系统联系的整体形式。任何系统在与环境相互作用时，总会出固有的性质和作用，这就是功能。系统之所以具有这些特殊的功能取决于系统内部的结构，但是结构决定功能的基本原理在社会实践发展体过程中往往表现为功能引导结构的过程。在性质完全不同的系统中，结构可以带来相同的或相似的功能。

（3）动态性。

系统论认为宇宙中的一切系统都在运动变化，系统的边界和系统内部是因为不断的运动才得以建立、存在和表现的。系统的运动具有开放性的特征。系统内部的发展总体来说表现为一个有序化过程。事物的初始状态是部分混杂在一起的不分化的混沌状态，当系统最初形成时，总是有某种子系统形成了对其他子系统的控制约束作用。而当这种约束作用在系统中显示出一定的优势时，这种控制作用就会扩大，以至整个系统成为一个中心化过程。这个过程中的内部联系呈现单向作用的"树"形结构。伴随着中心化过程，系统还有一个向着各个子系统共同起作用的机制化过程。这时系统中子系统之间的联系越来越丰富，有些形成了相互作用，有些形成了横系，有些形成了循环的相互作用。这时系统中核心子系统的控制调节作用降低，而向着由多个部分共同起作用的方面发展，系统在一定的条件下会依靠特定结构的相互作用来调整自身和适应环境，系统内部的联系表现为多种形式相互交叉的网络。因此系统的进化和发展是一个中心化和机制化两方面综合的结果。往往是中心化在前，机制化在后。没有中心化，系统的各个部分就不能实现最初的和最基本的联系，但仅仅完成了中心化的系统是简单的、保守的，很难适应环境的变化，所以系统必须进一步向着机制化的方向方展[199]。

2.5　本 章 小 结

本章从知识产权的内涵与特征、知识产权管理的内涵与特征理论两方面介绍了知识产权管理的基本相关理论；从技术创新的定义演变、技术创新的过程理论介绍了技术创新理论；从产业升级理论、企业转型的定义、企业转型升级的动因与类型对产业（企业转型）升级理论进行分析；从系统的内涵、特征两方面阐述了系统理论。本章为本书的研究奠定了理论基础。

第 3 章

珠三角地区制造业发展的基本情况

3.1　制造业的内涵、分类及特征

3.1.1　制造业的内涵

制造是把资源转化成产品的过程，包括从原材料采购到制成品生产、销售的全过程，经物理变化或化学变化后成为新的产品，不论是动力机械制造，还是手工制作；也不论产品是批发还是零售，均视为制造，制造是人类适应自然、改造自然的基本活动[200]。

制造业是为了满足市场需求，对可利用的制造资源（采掘工业和农业所生产的原材料）进行加工或再加工，以及对零部件进行装配的工业的总称。制造业作为以经过人类劳动生产的产品为劳动对象的工业，是一个有着高投入与高产出特性的复杂体系。

3.1.2　制造业的分类

人们根据主观意愿对产业进行划分，世界各国并没有统一的产业划分标准。在中国，产业的划分是：第一产业是指农业，包括农、林、牧、渔业；第二产业是指工业，包括采掘业、制造业、电力、燃气及水的生产和供应业（简称公用事业）、建筑业；第三产业是除第一、二产业外的其他行业，大致包括流通和服务两大部门。制造业隶属于中国国民经济产业划分中的第二产业。

按照中国国家统计局统计标准的制造业定义，制造业属于 C 类，包括 13 ~ 41 共 29 个大类。根据中华人民共和国国家标准 GB/T 4754 - 94，制造业包括 29 个行业，具体如表 3.1 所示。

表 3.1　　　　　　　　中国制造业行业名称及其代码

实际编码	行业名称	实际编码	行业名称
13	农副食品加工业	28	化学纤维制造业
14	食品制造业	29	橡胶制品业
15	饮料制造业	30	塑料制品业
16	烟草制品业	31	非金属矿物制品业
17	纺织业	32	黑色金属冶炼及压延加工业
18	纺织服装、鞋、帽制造业	33	有色金属冶炼及压延加工业
19	皮革毛皮羽毛（绒）及其制品业	34	金属制品业
20	木材加工及木竹藤棕草制品业	35	通用设备制造业
21	家具制造业	36	专用设备制造业
22	造纸及纸制品业	37	交通运输设备制造业
23	印刷业和记录媒介的复制	38	电气机械及器材制造业
24	文教体育用品制造业	39	通信设备、计算机及其他电子设备制造业
25	石油加工炼焦及核燃料加工业	40	仪器仪表及文化、办公用机械制造业
26	化学原料及化学制品制造业	41	工艺品及其他制造业
27	医药制造业		

制造业是一个复杂而庞大的产业群，可以从不同角度进行分类，具体如表 3.2 所示。

表 3.2 基于不同角度的制造业类别划分

划分标准	类别
加工深度	资源加工业、轻工纺织工业和机械电子工业
产品类型（用途）	资本品制造业和消费品制造业
制造业的性质	原材料工业、加工工业（加工制造业）
生产中不同生产要素的密集程度	劳动密集型、资本密集型、技术密集型制造业
应用技术水平	传统制造业和现代制造业
产业链所属阶段	低端制造业、中端制造业和高端制造业
其他划分	装备制造业和其他制造业

3.1.3 制造业的特征

（1）系统性。

人力、物力及财力等生产要素的生产、供给及销售始终贯穿于现代制造业产品的整个生产过程。为应对激烈的市场竞争和多变的市场需求，制造业系统运用资本、土地、技术、劳动力等生产要素，最终形成一个完整的有机系统，包含市场需求识别、开发设计、加工制造、包装、运输、使用等传统环节；同时，随着绿色产品的兴起，制造业系统还延伸到使用维护直至回收处置各个阶段，如图 3.1 所示。

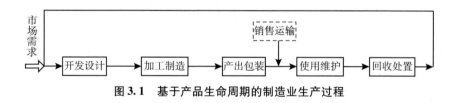

图 3.1 基于产品生命周期的制造业生产过程

（2）产业关联性。

制造业作为工业的主体，其产业结构复杂，行业门类众多，产业关联紧密。尤其是在生产过程中，由于技术同源与工艺衔接所产生的内在关联性，制造业的发展对其他产业的发展有巨大的推动作用。特别是制造业中的装备制造业不仅涉及重大的成套的技术设备的生产，还涉及电子和机械零配件加工等配套行业，其通过为其他行业等领域提供技术设备，对产业的发展起到带动作用，同时随着其自身的发展也产生新的需求，进而带动相关产业的升级。

（3）凸显知识性。

在制造业的生产过程中，知识性特征体现为以下两个方面：第一，如果将知识本身视为一种产品，在制造业生产过程中，必然伴随着知识的投入与产出。在知识经济时代，知识的投入与产出在制造业生产过程中形成了互相促进的良性循环。第二，间接的知识投入与产出，知识以某种属性依附于企业所提供的产品或服务之中。从原材料、劳动力的投入到生产出产品，其中都存在知识的作用。由制造业知识特征分析模型可知，运用知识可以提高制造业的劳动生产率和提高了制造业的经济效益，如图 3.2 所示。由此可知，制造业特别是现代制造业，知识要素对其发展至关重要[201]。

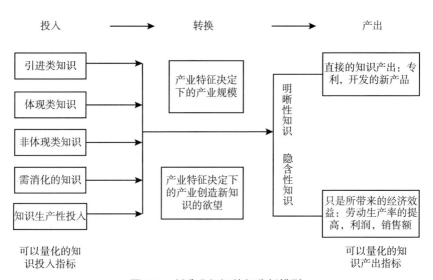

图 3.2　制造业知识特征分析模型

3.2　珠三角地区制造业概况

3.2.1　珠三角地区制造业的整体运行状态

珠三角作为广东省经济发展的领头羊，拥有深厚的制造业底蕴。珠三角地区工业获得了迅猛发展，如图 3.3 所示，工业总产值由 2004 年的 26055 亿元增长到 2013 年的 90692 亿元。珠三角的工业以制造业为主，制造业的总产值占工业总产值 80% 左右。因此，珠三角工业的飞速发展得益于制造业的支撑[202]。

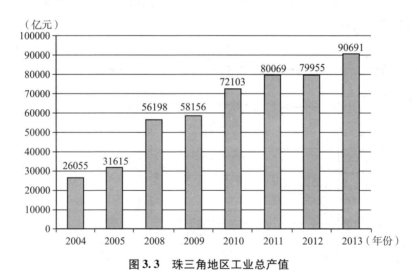

图 3.3　珠三角地区工业总产值

注：统计口径为规模以上工业企业。
数据来源：历年《广东统计年鉴》。

2004 年至 2013 年，珠三角地区制造业效益不断攀升，由表 3.3 可以看出利税总额由 1687.06 亿元增长到 8611.79 亿元，年均增长率为

19.86%；总资产贡献率在 2013 年达到了 14.53%，年均增长率为 3.79%；从业人员平均人数在 9 年间增加了 356.98 万人，保持着持续增长的态势；全员劳动生产率由 84214.00 元/人增加至 182303.00 元/人，每人均提高了 98089 元。各项指标均处于较高水平，可见珠三角地区制造业发展迅猛，为社会经济发展的贡献不断提高。

表 3.3　　　　　　　　　珠三角地区工业发展的经济效益指标

年份	利税总额 （亿元）	总资产贡献率	从业人员人数 （万人）	劳动生产率 （元/人）
2004	1687.06	10.40	850.82	84214.00
2005	2409.00	9.36	940.31	86160.67
2006	3256.09	10.42	1040.38	91734.89
2007	4258.96	12.37	1123.03	103062.00
2008	5111.06	12.82	1282.37	112898.78
2009	5515.49	13.17	1219.6	126551.89
2010	7591.49	15.03	1321.96	148523.78
2011	7813.48	14.79	1243.41	154525.00
2012	7442.24	13.82	1221.24	160291.92
2013	8611.79	14.53	1207.80	182303.00

注：统计口径为规模以上工业企业。
数据来源：历年《广东统计年鉴》。

3.2.2　珠三角地区制造业集群式发展

自从改革开放后，珠三角依靠着区位和制度的优势，新兴起大批具有创新能力和市场竞争力的制造业集聚群体，不断吸引国外投资以及持续培养地方特色产业，使珠三角渐渐发展成为了"世界制造业基地"。珠三角地区制造业集群式发展在三十余年间已经积累了足够的经验，现在已经进入的发展的成熟阶段，而"一村一品，一镇一业"

则是集群式发展的主要特色，在珠三角地区耳熟能详的有中山的灯饰制造业、顺德的家具制造业和沙溪的服装制造业等都是特色的制造业发展集聚地。

珠三角地区制造业集群的发展模式是通过内力和外力共同推动的区域型发展，外力推动是指通过外源型产业发展聚集改变"两头在外"的局势；内力推动是指通过发展内源型产业逐步实现市场的国际化。其中外源型产业的企业性质大部分都是三资企业，随着企业的不断发展，加强了对国内市场的重视度，同时对相关企业有一定的带动作用，慢慢地实现了企业主体的多元化发展。而内源型的产业的发展主要依靠从国际市场进口原材料和设备，同时其产品的定位也是以国际化为目标，产业群的成功关键在于不断地与国际市场接轨。

3.2.3 珠三角地区制造业发展面临的问题

珠三角的制造业集群式发展虽然以趋于成熟。但是其持续发展将面临一系列的新挑战，为了迎接这些挑战，必须认清当前珠三角地区制造业发展所面临的一系列问题，主要集中在资源和环境的挑战、成本的提升以及产业自身的创新能力。

首先，当前珠三角地区制造业的发展受限面临的就是资源和环境问题，由于制造业的发展主要依靠的是低成本资源，而随着制造业的迅速发展，这种依靠低成本资源为优势的发展模式已经跟不上市场的发展进度了。由于工业化和城镇化的快速发展，土地资源已成为限制制造业发展的主要问题，工业用地与农业用地、生态用地的矛盾也是越来越紧张。还有一点就是制造业的发展难免要对环境造成一定的污染，随着可持续发展道路的推广，以及人民环境意识的逐步提高，这种在以环境为代价发展制造业的时代已经一去不复返了，因此克服资源和环境带来的压力是制造业发展要解决的首要问题。

其次，制造业的成本增加主要体现在劳动力成本的提高和原材料的涨价，珠三角地区制造业起初的迅速发展主要归功于劳动力成本的低廉以及原材料价格的便宜，这样在成本方面带了一定的优势，可以大规模生产，打数量战，以薄利多销为特点抢占市场份额。但是随着全国经济的发展，尤其是西部大开发战略、中部崛起计划和振兴东北老工业基地等政策的实行，使大部分农村劳动力都在本地区消化，能出来务工的人员在工资方面要求都比较高，导致了珠三角地区劳动力的成本普遍上升。再就是由于国际环境的影响，原材料的成本也大大提升，这样原来制造业所依靠的低成本发展策略已经失效，这就阻碍了制造业行业的整体发展。

最后，还有最重要的一点就是制造业的自主研发能力差，没有形成自己的核心竞争力，在国际市场中始终属于弱势群体，不能抢占国际市场份额。珠三角地区制造业的发展是从民间的小作坊发展而来的，现在的很多企业还是小规模的，甚至还在延续着传统生产方式。在市场竞争最为激烈的制造业中，若没有形成自己的研发特色，没有属于自己的核心产品，只依靠传统的制造，很难在市场上立足。

总体而言，伴随着珠三角地区经济的快速发展和人民生活水平的不断提高，珠三角地区制造业曾赖以吸引大量投资的低地租和低工资，以及政府给予的各项优惠政策，各种税收优惠正在逐渐丧失。生产成本的增加、资源环境压力的增大和政策环境的日益严厉，都将迫使珠三角地区制造业不得不进行产业转型和升级。

3.3　珠三角制造业转型升级面临的挑战

3.3.1　转型升级目标不明确

改革开放以来，珠三角已成为土地资源丰富、生产要素成本低和地理优势的国际产业转移的首选地区。然而，因为中央出台实施新的《劳动法》和土地限制政策，加之国内外油价上涨、人民币升值、出口限制政策、税收政策调整和原材料价格上涨等诸多压力，使得珠三角劳动密集型的产业优势逐渐消失，制造企业陷入前所未有的困境。目前，许多企业面临着"产业升级"或"产业转移"的困境。由于珠三角是土地和劳动力成本低廉的中心地区，加上相关税收优惠政策，已有部分资源消耗型和环境污染型企业转移到内地城市，但仍然走着靠成本优势路线，而不是加强技术改造以提高产品附加值来获取利润，此种"转移"也只能暂缓一时之痛，难解长期之忧。珠三角企业产业转型，也很艰难。近几年，广东省政府致力于打造重工业强省，不断加大对重工业的投入，大部分企业因前期缺乏相应的经验积累，难以跟上产业转移的步伐，甚至有许多行业人士悲观地认为"没有改造是等死，改造就是找死"。

3.3.2 缺乏自主创新能力，产品科技含量低

自主创新能力是提高珠三角地区制造业转型升级的内生力量。长期以来，珠三角产业的发展依赖于专业的技术和设备从国外引进，其自主创新能力的缺乏，导致产品附加值低，缺乏市场竞争力。影响珠三角地区制造业自主创新能力的要素有如下几点：一是缺乏核心技术。目前，珠三角地区制造业企业技术创新以引进和模仿他国创新技术为主，核心技术领域研发力度不够，原创性科技开发环节薄弱。珠三角地区高新技术产品出口中，绝大多数是国外或港澳台地区在粤企业生产的，出口产品中关键核心技术和设备主要依赖进口，企业自身难以获得长久的竞争优势。二是科技研发投入体系不完善。尽管 R&D 投资总量不断增大，但大部分企业用于新产品开发的 R&D 投入资金不足，用于基础研究的更低。并且，对于新品的开发，更注重的是短期的项目，时间一长，基础研究的市场前景是远远不够的。三是缺乏人才资源。提高自主创新能力离不开高新技术和创新型人才的支持。然而，随着珠三角的各种优势条件的逐渐消失和内地经济不断快速发展，珠三角地区 R&D 研发队伍中，拥有博士、硕士、学士学位的人员占全部 R&D 人员数比重正在逐

年下降，高学历人员占全部研发人员的比重低于全国水平。珠三角地区拥有一流的研发企业、一流的经济实力、一流的研发硬件条件，但作为研发软实力的R&D人员质量，相对不足，在某种程度上影响研发的水平和质量。

3.3.3 处于产业价值链的低端

（1）产业链。

根据经济学家郎咸平提出的"6+1"产业链理论，可以将整个产业链分为7个部分：产品设计、原料采购、生产、储存和运输、订单处理、批发、零售。生产制造是资源消耗和环境污染最严重，而附加值却最低的环节，主要分布在中国，其他6个最赚钱、利润最高的环节，则分布在以美国为首的西方发达国家。

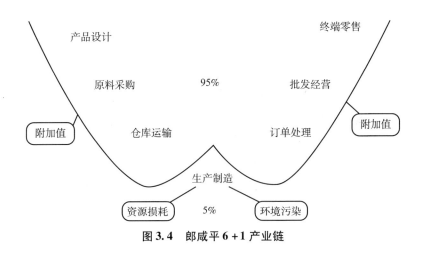

图3.4　郎咸平6+1产业链

（2）价值链。

1985年，哈佛商学院教授迈克尔·波特（Michael Porter）在《竞争优势》（Competitive Advantage）一书中提出价值链的概念。他认为，"每一个企业都是在设计、生产、销售、发送和辅助其产品

的过程中进行种种活动的集合体。所有这些活动可以用一个价值链
来表明。"在工业化时代,"福特主义"是最主要的生产方式,而生
产加工环节是整个产业价值链中附加值最高的环节,只要企业将发
展中心集中在生产制造过程就可以提高市场竞争力,获得巨大的利
润,见图 3.5。

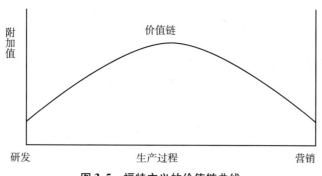

图 3.5　福特主义的价值链曲线

　　随着高成本时代的到来,跨国企业纷纷将生产制造活动转移到劳
动力成本低廉的发展中国家,并进行一系列的产业结构调整和转型,
调整国际生产布局,保持其研发优势、品牌优势和全球营销优势的竞
争优势,从而使研发和营销利润率大大提高。经过长期的发展,生产
制造环节附加值高的优势逐渐消失,而研发创新、设计、营销、品牌
的优势逐渐增大,曲线逐渐转变为两头高、中间低的形状,被形象地
称为"微笑曲线",见图 3.6。产业价值链微笑曲线,增值领域的研
究和开发,市场营销和品牌服务环节,最少的环节是制造。目前,传
统的珠三角地区制造业仍然是在全球价值链系统的低附加值环节,在
制造过程中,主要靠贴牌生产,对外国品牌的模仿、装配的,缺乏自
主创新能力。

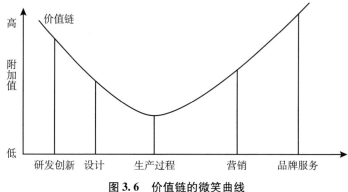

图 3.6　价值链的微笑曲线

3.3.4　资源环境约束加剧，产品成本高

珠三角地区制造业依靠产业价值链的低端迅猛发展，要以消耗大量的资源，环境污染为代价。随着生产要素成本的不断增加，环境治理的压力越来越大，传统的珠三角地区制造业正面临着发展的挑战。随着生产要素成本的不断提高，环境污染的日益增大，珠三角地区制造业面临着严峻的发展挑战[204 – 209]。

（1）土地资源不足，地价上涨问题突出。只有 41700 平方公里的珠江三角洲地区，目前可用于开发的土地资源是有限的，大多数的城市都面临无地可用的严峻状况。深圳、广州、惠州、中山已基本没有可供大规模开发的土地。

（2）能源和原材料消耗巨大，成本持续上升。不断加剧的资源供给和资源价格不仅挤压企业的利润，也影响珠江三角洲未来的经济发展。珠三角各市单位 GDP 能耗不断降低，但消耗量仍然巨大。依据广东社科院相关课题组提供的数据，广东人平均拥有能源储量 30 吨的标准煤不到全国人均水平的 1/20，全省 100% 的煤炭、80% 的油品、20% 的电力是从外省调入或进口的。

（3）劳动力资源紧张。根据香港制造商协会公布的 2013 年题为"珠江三角洲的商业环境"调查报告，超过 80% 的企业表示，生产成本高于去年同期水平，平均提高13.2%；近九成半反映公司面临劳动力短缺的问题；其中接受调查的企业39.3%表示缺工率在11%，另有43.9%的企业缺工率介于10%~30%。

（4）环境问题严峻。珠江三角洲是依靠产业价值链的低端环节——生产制造，因此，在产业结构中劳动密集、资源消耗、污染严重的行业占了相当大的比例，加之经济增长尚未完全走出高投入、高消耗、高排放、低效率的粗放增长模式，污染控制难度大，带来了系列环境资源问题，已经成为珠三角可持续发展的关键制约因素。

3.3.5 政策环境和宏观调控的压力

经过改革开放近40年的发展，珠三角依靠低成本优势和政府的优惠政策，发展成为了"世界工厂基地"，随着出口退税率下调，人民币的升值，提高最低工资，原材料价格，加工贸易政策的调整，新的"劳动合同法"的实施，劳工标准的社会保障，以及环保要求的提高、劳动力短缺、电力等十多个因素，造成了大量的制造企业的生产与管理成本提升，给制造业带来了压力。

从2007年7月1日开始，中国取消了553项"高耗能、高污染、资源性"产品的出口退税，调低了2268项易引起贸易摩擦的商品的出口退税率；紧接着7月23日，中国颁布了新的《加工贸易限制类商品目录》，目录中新添加了塑料原料及制品，纺织纱线，织物，家具和其他产品多个行业的产品。2010年6月22日的贸易政策的影响也是非常大的，将取消406种由财政部，国家税务总局联合发布的中国商品出口退税，将扩大企业加工贸易禁止目录，纳入的产品将不再享受进出口保税的优惠。这些政策环境给珠三角地区制造业转型升级造成了巨大的压力，很多企业难以跟上转型升级的快速步伐。

3.4 本章小结

本章主要对珠三角地区制造业发展的基本情况进行分析。首先，对制造业的内涵、分类及特征进行阐述；其次，从珠三角地区制造业的整体运行状态、集群发展及面临的问题等三方面来介绍珠三角地区制造业概况；最后，系统阐释了珠三角地区制造业转型升级面临的挑战。

第4章

珠三角地区制造业企业知识产权管理现状

4.1 珠三角地区知识产权管理总体情况①

（1）百万人口发明专利申请量指标超额完成。

据国家知识产权局发布的统计数据，2008 年至 2012 年珠三角地区发明专利申请量分别为 2.72 万件、3.12 万件、3.91 万件、4.91 万件、5.71 万件；2008～2012 年百万人口发明专利申请量分别为 530 件、581 件、697 件、810 件、1004 件，2009～2012 年分别超过了当年预定目标值 4 件、9 件、110 件、64 件，提前超额完成了《"四年大发展"工作方案》设定的 760 件目标，珠三角九市连续四年全面超额完成百万人口发明专利申请量预定目标。

（2）"四年大发展"工作全面落实。

预警机制建设方面，实施"珠三角地区战略性新兴产业专利信息资源开发利用计划"，下达项目 11 个，投入资金 2000 万元；举行"珠三角地区战略性新兴产业专利分析及预警系列报告会"，创办《珠三角地区战略性新兴产业知识产权工作动态》专题刊物，打造专利分析及预警

---

① 数据来源于《广东知识产权年鉴》（2013 年版）。

系列报告平台及品牌；全省建立知识产权战略联盟 22 个，其中珠三角地区 17 个。重大专利技术实施方面，2010 年到 2012 年，从全省 173 项中，选出 30 个战略性新兴产业的龙头项目予以重点扶持，其中珠三角地区的项目为 21 项。2012 年 4 月 10 日，国家首个区域专利信息服务中心——国家知识产权局区域专利信息服务（广州）中心正式挂牌运行。

（3）各项专利指标从数量增长向质量提升转变。

2008～2012 年，珠三角地区专利申请、授权量在全省占据绝对优势，发明创造能力持续增强，2012 年全地区专利申请量为 203408 件，比 2008 年增长了 110271 件，占全省专利申请量的 88.6%，其中，发明专利申请量为 57122 件，比 2008 年增长了 29916 件，占全省发明专利申请量的 94.5%。PCT 国际专利申请量在全省申请量中一直占 90% 以上。

（4）中国专利奖获奖总数再创新高。

第十四届中国专利奖获金奖 2 项，优秀奖 53 项，获奖总数创新高。其中，珠三角地区 9 市共获金奖 1 项，占全省获金奖总数的 50%，获优秀奖 46 项，占全省获优秀奖总数的 86.8%。

（5）省部知识产权高层次战略合作取得丰硕成果。

实现了五个"第一"的重大突破：首个京外的国家专利审查协作中心落户广州、首个国家知识产权局专利信息服务（广州）中心挂牌运行、首个单一行业知识产权快速维权中心落户中山、首家专利信息传播利用基地在广州授牌、首个知识产权投融资综合试验区落户南海。珠三角九市全部出台知识产权战略纲要或实施方案。

4.2 珠三角地区制造业企业知识产权管理现状分析

4.2.1 知识产权开发管理活动的现状

本章以"R&D 活动人员"与"R&D 经费内部支出"两项指标来衡

量珠三角地区制造业企业知识产权开发管理活动的现状。表 4.1 为珠三角地区制造业企业知识产权开发管理活动基本情况。

表 4.1　　珠三角地区制造业企业知识产权开发管理活动基本情况

年份	R&D 活动人员（人）	R&D 经费内部支出（万元）	R&D 活动人员增长速度	R&D 经费内部支出增长速度
2009	241192	5284972		
2010	340060	6691317	40.99%	26.61%
2011	383666	8447389	12.82%	26.24%
2012	479469	10099164	24.97%	19.55%
2013	489113	11583840	2.01%	14.70%
均值	386700	8421336	20.20%	21.78%

注：统计口径为规模以上工业企业。
数据来源：历年《广东统计年鉴》和广东省知识产权局网站。

由表 4.1 可以看出，珠三角地区制造业企业的 R&D 活动人员由 2009 年的 241192 人增长到 2013 年的 489113 人，分析可知，珠三角地区制造业企业的 R&D 活动人员在 2009～2013 年平均增长率为 20.20%。具体分析各年可知，珠三角地区制造业 R&D 活动人员一直以来维持稳定增长趋势，特别是 2010 年和 2012 年，该指标分别实现了高达 40.99% 和 24.97% 的增长速度。对于 R&D 经费内部支出这一指标而言，2009 年，珠三角地区制造业企业 R&D 经费内部支出为 5284972 万元，而到 2013 年，这一指标为 11583840 万元，实现了 2009～2013 年平均 21.78% 的增长速度。珠三角地区制造业企业 R&D 经费内部支出一直以来也维持稳定增长趋势，特别是 2010 年和 2011 年，该指标的增长速度分别高达 26.61% 和 26.24%。R&D 活动人员和 R&D 经费内部支出作为衡量珠三角地区制造业企业知识产权开发管理的重要指标，二者在增长态势上基本保持步态一致，但是 R&D 经费内部支出的平均增长速度快于 R&D 活动人员的平均增长速度。

图 4.1 为 2009～2013 年，珠三角地区制造业企业知识产权开发管理活动的两个具体指标占整个广东省的比重。具体到 R&D 活动人员这一指标上，考察期内，珠三角地区制造业 R&D 活动人员占广东省的比重均值为 90.41%，其中，该比重由 2008 年的 80.68% 增加到 2010 年的 94.60% 以后，一直保持在 90% 以上，这一趋势有望延续。相比较而言，在 R&D 经费内部支出这一财力投入指标上，考察期内，珠三角地区制造业企业 R&D 经费内部支出占广东省的比重均值为 94.40%，且该比重在考察期内一直稳定在 90% 以上。可以看出，在考察期的每一年，珠三角地区制造业企业 R&D 经费内部支出占广东省的比重都高于 R&D 活动人员占广东省的比重。这表明，珠三角地区制造业企业在知识产权开发管理活动上，直接财力投入要明显快于人力投入。

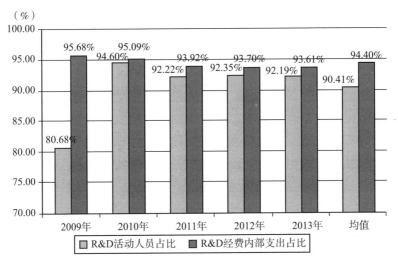

图 4.1　珠三角地区制造业企业知识产权开发管理活动相关指标占广东省的比重

整体而言，珠三角地区制造业对知识产权开发投入有了较大幅度的提高，表现为 R&D 活动人员和 R&D 经费内部支出实现了较快的增长。R&D 人力与财力的稳定增长态势在一定程度上说明：珠三角地区制造业企业逐渐开始意识到企业知识产权开发对企业持续发展的关键支撑作用，正逐渐提高知识产权开发的资源投入。

4.2.2 知识产权保护管理活动的现状

知识产权保护管理是珠三角地区制造业企业智能创造获得公众认可、规范化和合法化过程，在这一过程中，企业在知识产权开发管理阶段的知识性成果获得政府法律和政策性的规范保护。珠三角地区制造业企业专利申请数和专利授权数作为知识产权保护管理的显性成果指标，衡量了珠三角地区制造业企业知识产权保护管理的整体实力。本章以"专利申请数"与"专利授权数"两项指标来衡量珠三角地区制造业企业知识产权保护管理活动的现状。表4.2为珠三角地区制造业企业知识产权保护管理活动的基本情况。

表4.2   珠三角地区制造业企业知识产权保护管理活动的基本情况

年份	专利申请数（项）	专利授权数（项）	专利申请数增长速度	专利授权数增长速度
2009	111974	74637		
2010	134817	106292	20.40%	42.41%
2011	171367	116233	27.11%	9.35%
2012	203408	135926	18.70%	16.94%
2013	231838	149716	13.98%	10.15%
均值	170681	116561	20.05%	19.71%

注：统计口径为规模以上工业企业。
数据来源：历年《广东统计年鉴》和广东省知识产权局网站。

珠三角地区制造业企业的专利申请数由2009年的111974项增长到2013年的231838项，分析可知，珠三角地区制造业企业的R&D活动人员在2009～2013年间平均增长率为20.05%。具体分析各年可知，珠三角地区制造业企业专利申请数一直以来维持稳定增长趋势，特别是

2010 年和 2011 年，该指标分别实现了高达 20.40% 和 27.11% 的增长速度。对于专利授权数这一指标而言，2009 年，珠三角地区制造业企业专利授权数为 74637 项，而到 2013 年，这一指标为 149716 项，在 2009～2013 年间平均增长率为 19.71%。具体分析各年可知，珠三角地区制造业企业专利授权数一直以来维持稳定增长趋势，特别是 2010 年，该指标的增长速度分别高达 42.41%。专利申请数和专利授权数作为衡量珠三角地区制造业知识产权保护管理的重要指标，它们在发展趋势上呈现出一致性，但是专利申请数的平均增长速度要快于专利授权数的平均增长速度。

图 4.2 为 2009～2013 年，珠三角地区制造业企业知识产权保护管理活动的两个具体指标占整个广东省比重。具体到专利申请数这一指标上，考察期内，珠三角地区制造业企业专利申请数占广东省的比重均值为 88.19%，并且，考察期内的每一年，该比重相对稳定，一直维持在 85% 以上，这一趋势有望延续。相比较而言，在专利授权数这一财力投入指标上，考察期内，珠三角地区制造业企业 R&D 经费内部支出占广东省的比重均值为 89.03%，且该比重在考察期内一直也稳定在

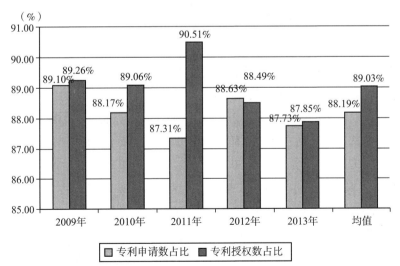

图 4.2　珠三角地区制造业企业知识产权保护管理相关指标占广东省的比重

85%以上。可以看出，在考察期的每一年，珠三角地区制造业企业专利授权数占广东省的比重都高于专利申请数占广东省的比重。这表明，相比较而言，珠三角地区在知识产权保护的质量上要优于广东省其他地区，申请的专利质量较高。

整体而言，珠三角地区制造业企业在提升自身技术创新能力与知识产权开发能力的发展过程中，也逐步重视开展知识产权成果的法律确权工作及规范化管理工作，珠三角地区制造业企业知识产权保护管理工作日渐系统与规范。

4.2.3　知识产权运营管理活动的现状

珠三角地区制造业企业知识产权运营管理活动的重点在于：企业通过对自身知识产权成果的利用、交易、产品化等一系列市场商业化活动，获得经济效益的转化。本章以"新产品销售收入"与"新产品出口额"两项指标来衡量珠三角地区制造业企业知识产权运营管理活动的现状。

由表4.3可以看出，珠三角地区制造业企业新产品销售收入保持了维持稳定增长趋势，从2009年的78296410万元增长到2013年的170182589万元，新产品销售收入这一指标实现了2009~2013年平均21.92%的增长速度。对各年增长速度进行分析，珠三角地区制造业企业新产品销售收入在2010年和2011年表现最为突出，其增长速度分别为36.23%和27.44%。对于新产品出口额这一指标而言，2009年，珠三角地区制造业企业新产品出口额23546499万元，而到2013年，这一指标为59222992万元，实现了在2009~2013年的4年间年平均增长速度为30.83%。具体分析各年可知，珠三角地区制造业企业新产品出口额保持了维持稳定增长趋势，特别是2010年，该指标的增长速度为97.02%。新产品销售收入和新产品出口额作为衡量珠三角地区制造业企业知识产权运营管理的重要指标，它们在发展趋势上呈现出一致性，但是新产品出口额的平均增长速度要快于新产品销售收入的平均增长速度。

表 4. 3 　　　　　　珠三角地区制造业企业知识产权保护活动基本情况

年份	新产品销售收入 （万元）	新产品出口额 （万元）	新产品销售 收入增长速度	新产品出口 额增长速度
2009	78296410	23546499		
2010	106665522	46392019	36. 23%	97. 02%
2011	135930307	55638209	27. 44%	19. 93%
2012	145215704	58213313	6. 83%	4. 63%
2013	170182589	59222992	17. 19%	1. 73%
均值	127258106	48602606	21. 92%	30. 83%

注：统计口径为规模以上工业企业。
数据来源：历年《广东统计年鉴》和广东省知识产权局网站。

　　图 4.3 为 2009～2013 年，珠三角地区制造业企业知识产权运营管理活动的两个具体指标占整个广东省的比重。具体到新产品销售收入这一指标上，考察期内，珠三角地区制造业新产品销售收入占广东省的比重均值为 93.50%，除了在 2010 年，这一比重为 89.84%，其他各年这一比重相对稳定，一直维持在 90% 以上。相比较而言，在新产品出

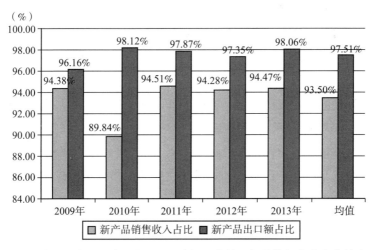

图 4. 3　珠三角地区制造业企业知识产权运营管理相关指标占广东省的比重

口额这一财力投入指标上，考察期内，珠三角地区制造业企业 R&D 经费内部支出占广东省的比重均值为 97.51%，且该比重在考察期内一直也稳定在 95% 以上。可以看出，在考察期的每一年，珠三角地区新产品出口额占广东省的比重都高于新产品销售收入占广东省的比重。这表明，相比较而言，珠三角地区的出口优势，特别是在高技术含量的新产品方面，明显优于广东其他地区。

4.3 珠三角地区制造业企业知识产权管理存在的问题分析

4.3.1 企业 R&D 投入少

知识产权开发是一项风险较大的经济活动，多数制造业企业害怕失败，不愿进行知识产权开发或不重视知识产权开发。根据国际惯例，企业研究与开发投入占销售额的比重如果低于 1%，将难以在市场竞争中幸存；当比重接近 2% 时，才可以实现维持；只有比重超过 5%，企业才能在市场竞争中胜出。珠三角地区制造业企业研究与开发投入水平与世界发达国家比较，差距较大，具体表现为：第一，投入强度低，制造业企业的平均研发投入强度低于 1%；第二，绝大多数的中小型企业不具有知识产权开发的条件，不进行任何研究与开发投入[210]；第三，知识产权开发的专业人员匮乏，导致企业知识产权开发后劲不足。正是由于研发投入力度不够，使得珠三角地区制造业企业难以在拥有自主知识产权的核心技术与关键技术上获得突破，在关键领域重大技术装备依赖于国外企业。造成珠三角地区制造业企业的产品普遍偏向中低端产品，产品附加值不高[211]。

4.3.2　企业频繁遭遇知识产权纠纷

制造业作为珠三角地区占主导地位的经济部门，其主要是以出口为导向。珠三角地区制造业企业在进行产品出口的过程中，面临各种知识产权风险，其中，遭遇知识产权纠纷是最为典型的一大风险。专利具有明显的地域性特征。具体表现为部分企业的产品一出国门就屡遭专利侵权纠纷，频繁遭受产品查扣、封存甚至责令赔偿，但同样的企业产品在国内经营过程中从未出现此类情况。也就是说，由于不同国家存在不同的知识产权制度与政策，外国公司的某一知识性在其他国家申请了相关专利及获取了知识产权保护，但可能在我国并没有申请或获得相应的专利保护。这种风险对于珠三角地区部分企业特别一直以来通过对国外同类产品进行模仿在国内市场获取收益的企业而言，未来潜在风险巨大[212]。另外，部分珠三角地区企业存在短视行为：由于企业暂时未开拓海外市场，并认定没有必要在国际上申请专利保护，直到企业市场开始转向非本国参与国际竞争时，才着手申请专利保护，可能的结果是专利已被别人提前申请。企业缺乏知识产权保护意识，遭遇知识产权纠纷后的维权能力弱，已成为珠三角地区制造业企业拓展国际市场和增强国际竞争力的主要瓶颈。

4.3.3　侵害企业知识产权现象大量存在

当前，侵害珠三角地区制造业企业知识产权的现象时有发生，究其原因，在珠三角地区制造业企业实施知识产权保护管理实践中，"维权成本高，侵权成本低"问题一直存在。遭遇知识产权侵害的企业往往花费相当数量的成本去进行知识产权维权，但最终的结果可能是"赢了官司，输了钱"。包括珠三角地区在内的广东企业是商标、专利等知识产权拥有大户，也是最容易被山寨、被侵权的群体。企业如何保护自己的知识产权不被侵犯，面对侵权行为如何进行维权？不少企业对维权诉讼仍顾虑重重，一方面，打官司"人力、物力、财力耗上几年，最后要么庭外和解不了了之，要么得几十万元甚至几万元赔偿以示安慰，怎么算都得不偿失"；而国外对知识产权侵权的企业的惩罚力度远大于国内，国外侵权的企业往往面临高额的赔偿，几乎可以让之倾家荡产。另一方面，由于现行法律法规的不完善、对新兴产业的管理职责不明晰，行政部门多头管理也让一些案件争议不断，对市场产生了不利的影响。侵权企业违法的成本太低，导致仿冒、山寨盛行，创新动力不足。以上两个方面导致侵害知识产权现象普遍存在于制造业企业中，知识产权诉讼困难、维权成本高，使企业自主创新和利用知识产权制度维护自身合法利益的积极性受到了严重的负面影响[213]。

4.3.4 应用部门购买本区域企业产品缺乏积极性

珠三角地区制造业经过几十年的技术模仿、消化吸收与自主创新，行业的整体技术水平获得了较大的提升，部分产品与技术已经与国外同类产品处于同等水平，而且其价格一般大大低于国外同类产品，从性价比的角度来说，珠三角地区制造业企业应该获得更为广阔的市场空间。但是，在制造业产品的采购中，部分应用部门（特别是部分政府部门及国企）对国外顶尖技术、设备与品牌的过分"推崇"，完全不考虑部门实际与成本因素，盲目采购。一个典型的现象是：部分国内优秀装备制造企业自主开发出具有国际水准的新产品、新装备，国内的相关应用部门通过设置国产装备进入市场的门槛，不予采购。这些都抑制了珠三角地区制造业企业进行自主研发与创新的动力，也阻碍了知识产权管理工作的开展。

4.3.5 企业知识产权保护意识薄弱

珠三角地区制造业企业在经营管理过程中，倾向于对显性的有形资产诸如机器、设备等的重视，但是部分企业缺乏对专利、商标和技术秘密等知识产权等无形资产进行有效保护的意识。理论上而言，经过几十年的知识产权立法实践，我国出台了为数众多的知识产权保护的法规与政策，但现实当中，知识产权的社会认知度仍较低，甚至很多企业高层管理者对知识产权制度不了解或欠缺保护自己企业知识产权成果的相关知识。珠三角地区制造业企业知识产权保护意识薄弱，有以下表现：第一，部分企业缺乏长远规划，对知识产权的重要性认识不足，常常等到自身出口业务形成一定规模才想到海外注册，却可能为时已晚。第二，部分企业对品牌、企业形象、外观设计、软件等新型知识产权不甚了解，仍停留在专利等传统工业产权的概念范畴上，进而无法实现企业知识产权的全面保护。第三，部分企业在知识产权成果申请环节出现纰漏，未能及时对其知识产权成果快速及时地进行申请（包括国际层面的申请）而获得保护，导致技术惨遭模仿或专利被其他公司抢先申请，使企业承受巨大损失[214]。

4.3.6　企业自主创新能力有待加强

近年来，珠三角地区制造业企业技术创新能力不断提高，表现出良好的发展趋势，但是，总体上来说，珠三角地区制造业企业创新投入不足与新产品开发、引进技术的消化吸收能力薄弱。绝大部分制造业企业过分依赖国外技术，而自己几乎不开展技术研发活动或严重缺乏研发能力，研发能力直接决定了企业的知识产权开发能力。但是，相当一部分珠三角地区制造业企业不重视知识产权的开发工作，不去研究与开发拥有自主知识产权的核心技术与产品，完全依赖国内劳动力成本低廉和低价竞销经营方式。一方面，同类型、同规模的国内企业，其年度专利申请数远远少于国外同行，甚至有某行业内成百上千家的国内企业，其一年的发明申请数总和比不上国际上某知名制造业企业。另一方面，近年来，珠三角地区制造业企业在知识产权特别是专利方面有了明显进步，但是绝大多数都是外观与实用新型专利申请数，而真正体现制造业企业自主创新能力的发明专利申请数，且远小于其他两类专利，处于附属地位。根据广东省知识产权局的专利统计数据可知，2013 年珠三角地区专利申请数为 231838 件，其中，发明专利申请数为 65052 件，占总申请总量的 28.06%，低于全国平均水平。这一点与发达国家形成鲜明对比，发达国家的专利申请中发明专利申请占多数。

4.3.7　企业知识产权流失问题突出

珠三角地区制造业企业知识产权流失问题一般出现在以下两种情形下：第一，企业重组改制与合资合作过程中的知识产权流失。在经济全球化和我国国有企业深化改革的背景下，一些国际企业在对珠三角地区部分制造业企业进行兼并与合资经营的过程中，对其自主知识产权与知名品牌进行了吸收。而国内企业在与国外企业进行合资的过程中，部分企业出现了要么对自身所有的知识产权（专利、商标、品牌等）进行价值低估甚至人为放弃，要么未经法律许可或主管部门同意，以知识产权（专利、商标、品牌等）作为出资。第二，人才流动特别是研发人员流动过程中的知识产权流失。由于企业管理制度不完善、人员自身法律、道德素质偏低等因素的影响，部分研发人员在从原有岗位离职后，违背相关规定，将属于原有企业的知识产权（包括关键技术或商业秘密）投入到与原企业有竞争关系的企业或自己成立的企业，即携带知识产权"跳槽"[215]。

4.3.8　企业知识产权专业人才短缺

知识产权工作专业性强，需要具备较高的专业素质的人员才能胜任此项工作。按照国际标准，研发人员当中必须配备 1% ~4% 的知识产权人才，拥有 50 万名研发人员的珠三角地区应配备 5000 ~20000 名知识产权人才。与珠三角地区自主创新活跃不相称的是：珠三角地区的知识产权专业人才十分短缺。珠三角地区的知识产权申请数（包括专利、商标等）处于全国前列，与此同时，珠三角地区知识产权案件数量在全国也是名列前茅。但是，珠三角地区在知识产权高级人才培养方面却起步较迟，知识产权专业人才的缺乏已成为制约珠三角定期知识产权管理水平获得提升的重要制约因素[216]。

4.4　国外制造业企业知识产权管理经验及启示

4.4.1　美国制造业企业知识产权管理经验

美国是世界第一大经济体，向来注重企业知识产权的保护，随着近年来美国经济的迅猛发展，制造业企业也逐渐形成比较科学完备的知识产权管理系统，知识产权战略的实施也较为成功。早在 20 世纪 80 年代，美国就将知识产权战略上升为国家重要战略，美国的知识产权战略可以用以下三方面概括：

（1）实施知识产权战略立法先行。

美国根据国家利益和国际市场竞争的实际，对已有的专利法、商标法和著作权法等知识产权立法不断地完善，把新兴的科学技术形式纳入知识产权保护范围，加大高技术知识产权保护力度，此外美国为推动高科技创新成果的产业化和商业化，调整知识产权利益关系，也颁布和实施了一系列法律。立法不断为知识产权战略所服务，对尖端技术、涉密技术等知识产权严格保护，以巩固其技术垄断地位[217]。

（2）对外实施知识产权壁垒。

在国际市场竞争中，美国运用年综合贸易法案"特殊条款"打压可能对国家知识产权安全构成威胁的竞争对手，同时积极推动《与贸易有关的知识产权（包括假冒商品贸易）协议（草案)》的达成，该协议的达成表面上标志着国际贸易之间的知识产权得到有效保护，深层次的是美国借助了国际知识产权争端解决机制为本国知识产权人全球利益最大化创造了客观条件[218]。此外，为了维护自身利益，美国严格主张知识产权的国际保护，限制国际间的高技术资源的利用，加强对技术转移的控制，主张将知识产权制度纳入世界关贸总协定，竭力主张以美国为中心建立国际知识产权新秩序[219]。

（3）不断发展完善知识产权管理的目标。

21世纪美国对知识产权管理的目标进行了重新定位，美国专利和商标局制定全新的21世纪知识产权战略来适应新的国际市场变化，21世纪知识产权管理的要点在于保护本国知识产权资源，特别是高尖端知识产权，力求将专利商标局建设成为一个能敏锐感受市场变化的、富有效率的、积极响应的知识产权管理机构，实施这一管理目标的具体步骤为系统培训知识产权从业人员、加强与世界其他先进国家联系和合作、推动有利于本国的知识产权制度国际化、强化知识产权事务信息化管理电子化办公、调整知识产权激励制度等，知识产权战略适时的改动和修订确保了美国知识产权战略始终处在国际竞争的有利地位，对美国制造业企业的发展起着重要作用[220]。

4.4.2 日本制造业企业知识产权管理经验

第二次世界大战后，日本经济得到了全面复苏和发展，这其中知识产权科学先进管理理念的形成和发展起到了关键的作用，日本通过技术引进战略，从欧美发达国家引进了大量先进技术，对进口的技术进行消化吸收进行二次开发，配以适当的专利战略，很快缩小了与欧美国家的差距，2002年，日本制定了《知识产权管理大纲》，把知识产权建设和知识产权管理提升到国家基本战略的高度，旨在培养本国知识产权产业化发展，最大程度运用知识产权，促使高技术迅速转化成为现实生产力。日本的制造业企业知识产权管理有以下五方面要点。

（1）不断追求知识产权的自主创新。

日本政府积极推进大学的自主创新能力，开展知识产权方面的产、学、官合作，营造研究人员良好创新环境，鼓励制造业企业创造高质量的知识财产，明确规定大学知识产权成果实行权利单位归属原则；对职务发明专利允许企业与知识产权人协商报酬问题；规定政府资助的知识产权开发所获得的知识产权可以归资助者所有，此举激发了投资方积极申请专利的热情，在全日本大学建立知识产权部并给予资金支持，建立知识产权转移机构促进大学研究成果向企业转移。

（2）积极实施知识产权创造管理。

知识产权创造管理是知识产权整体管理环节的出发点和基础，有效的知识产权创造管理能够促进日本大学、科研机构和制造业企业积极从事知识产权创造活动，同时培养知识产权开发和专业的管理人才。日本的知识产权创造管理理念不仅强调科研机构的知识产权创造，还涉及制造业企业知识产权的创造和获取。该实施知识产权创造管理的根本目标是鼓励企业积极发明创造并在全世界上申请专利确立知识产权，大力培养优秀知识产权人才。

（3）巩固完善对知识产权的保护。

日本对于知识产权保护的目的在于建立知识产权申请和知识产权事务审查的快速通道，完善现有管理措施，强化对专利权、著作权、商业秘密等知识产权的保护，特别是国际知识产权的保护，充分地运用受到保护的知识产权产品，使其迅速地转化为现实生产力。

（4）重点把握知识产权的运用。

运用知识产权的目的在于高效推进知识产权向现实生产力和现实效益的转化，对知识产权的运用进行科学决策和妥善处置，发挥知识产权的经济效益。同时相关部门深刻意识到知识产权人才的培养对知识产权有效管理的重要性，积极进行知识产权人才培养，提高全民的自主知识产权意识[219]。

（5）加强知识产权的国际合作。

日本积极参与知识产权方面的国际合作，逐步构建世界专利同盟，协调日美欧三局专利技术检索制度，开辟美欧检索专利快速通道，日本专利局将根据欧美申请人的要求，不再进行重复检索，直接进行授权审批，这种机制最终实现专利申请在日美欧知识产权局之间相互许可制度。另外日本积极参与知识产权国际标准的制定，在培养国际标准化人才、制定国际化标准等方面加强本国影响力[221]。

4.4.3 德国制造业企业知识产权管理经验

第二次世界大战后的德国之所以能够迅速崛起一跃成为世界主要经济体之一，其中一个重要原因是德国企业重视运用知识产权制度，不断提升尖端科技领域的强大的市场竞争能力。随着知识经济时代的到来，德国政府更加重视知识产权战略的培养和形成，建立起来了较为成熟的知识产权管理体系，积极实施了企业为主体、以专利为目的的知识产权管理方针，培养出了大批知名世界顶级企业[222]。德国企业侧重于知识产权的管理职能、知识产权成果评价、知识产权应用和产学研合作，形成了特征鲜明极具针对性的知识产权管理体系。德国知识产权管理的理念可以概括为以下几方面。

（1）明确知识产权战略指导方针。

德国把企业知识产权战略作为本国企业发展战略的一部分进行整体性部署，并根据行业的特点区别制定符合本行业的知识产权战略。如德国汽车产业的知识产权战略侧重点在汽车制动系统的研发及知识产权申请，为了保证知识产权战略的针对性，德国还制定了知识产权管理指导方针。如知识产权管理要以商业战略全球化为导向，注重培养高素质的知识产权专业人员等。

（2）确保知识产权管理工作的高效开展。

德国企业知识产权管理的职责是知识产权信息搜集和整理，发掘创新发明并申请专利，制定知识产权战略实施细则，对专利、商标、实用新型等其他知识产权进行综合管理，及时处理解决发生的知识产权纠纷，奖励发明创造等。在明确职责的基础上企业之间和企业内部都普遍形成了畅通的沟通渠道。

（3）构建科学的知识产权评估体系。

德国企业逐步摸索形成了一套知识产权评估体系，能够科学地对发明成果进行市场预测，力争合理运用资金选择有效的知识产权策略，企业要对产生的发明成果预先进行价值评估，根据成果价值的大小适合的知识产权策略[223]。对已有的专利授权采取适时评估策略，对于价值较少或者逐渐失值的专利授权就适时放弃；对于关系巨大涉及到企业甚至国家的核心知识产权严密保护。

（4）积极开展产学研合作促进知识产权成果转化和市场化运作。

德国企业注重产学研合作，根据企业的知识产权创新需求和高校及科研院所的研究人员进行科技合作，设立研发中心和科技实验室等，为其提供科研项目和研发经费，对于科研院所取得的科技成果，投资企业进行全面评估，将具有市场前景的发明进行专利许可购买，直接将科研成果转化成现实生产力应用于实际并再次激发科研投资，从而在企业与科研院之间形成了研发和市场转化的良性循环机制。

（5）重视培养知识产权专业管理人才。

德国企业对新员工有知识产权专业培训，包括知识产权法律制度和知识产权保密规定、知识产权开发、授权、运用、知识产权纠纷受理途径等。通过严密的员工培训，使其逐渐养成良好的知识产权意识，另外企业还注重专业化知识产权队伍的培养，形成具有科技发明能力和知识产权运用能力的复合型人才[224]。

4.4.4　国外制造业企业知识产权管理的启示

（1）对制造业企业知识产权开展全面管理工作。

发达国家的制造业企业对于国际知识产权的推动和发展作用明显，起着主导作用，发达国家也都十分注重维护其制造业企业在国内外的利益。同时，制造业企业也十分善于对本企业的知识产权进行运作和管理，在知识产权的开发、保护和经营等方面都有非常成熟的做法和经验，为了更好地保护和利用知识产权，制造业企业通常都有专门的知识产权管理组织，它们大都将知识产权部门作为一独立部门由公司总经理直接领导，并有一套完善的知识产权管理方法加以保障。例如，美国休斯飞机公司设有专利与商标部，由公司一副总经理直接负责，配有专人处理知识产权许可管理工作，也配有专业的知识产权律师队伍，该部门的职能是执行公司所有的知识产权管理工作，确保知识产权管理的实施，休斯飞机公司从 1984 年到 2011 年间，平均年申请专利 420 多项[225]。

（2）应对知识产权实施战略管理。

美、日、韩、德等发达国家早已从战略高度运用相关知识产权手段来保护本国企业、促进本国经济社会发展，不仅在立法上还是对外贸易中均目光长远统领本国知识产权管理工作，同时，国外企业特别是制造业企业也都为拓展自身生存空间和实现本国知识产权战略加强员工知识产权培训、改进知识产权开发流程，提高知识产权管理人员的整体素质，因此，中国十分有必要根据国际知识产权形势的变化和发展积极开展知识产权管理，联动企业和全社会提高知识产权意识、创新知识产权管理方法、完善知识产权管理组织，提升本国知识产权防御能力。

（3）应抓紧时机构建制造业企业知识产权管理系统。

美日等制造业企业除了具有良好的外部知识产权环境，同时企业自身的知识产权管理系统也是其知识产权战略能够成功实施的重要保证，由于知识产权外部环境存在着不可预测性，为制造业企业知识产权战略带来了无法预计和回避的风险，环境的风险性要求制造业企业知识产权管理工作必须要有相应的自适应机制来及时转移、分担、减少风险。构建制造业企业知识产权管理系统可以对企业的知识产权管理工作起到支撑和保护的作用，有利于在制造业企业内部形成与环境相结合的自适应机制，确保制造业企业知识产权管理工作有效进行，提高制造业企业知识产权竞争能力。

（4）注重知识产权管理的各个环节。

制造业企业知识产权管理工作涵盖了知识产权开发、知识产权运营和知识产权保护的全过程，发达国家和国外较为先进的制造业企业不是单纯地设置知识产权壁垒或采取消极的知识产权保护手段，而是多角度多层面的协调知识产权管理的全过程，因此制造业企业应充分重视每个环节而不应重开发、轻保护或者重保护轻运营；这三个环节动态相关，任何一环都会对制造业企业发展起到重要作用，应该妥善处理每个环节的知识产权问题，重视长远可持续发展。

4.5　本章小结

本章主要对珠三角地区制造业企业知识产权管理现状进行分析。首先，对珠三角地区制造业企业知识产权管理的总体情况进行阐述；其次，选取 2009～2013 年的时间序列数据，分别从知识产权开发管理活动、知识产权保护管理活动及知识产权运营管理活动对珠三角地区制造业企业知识产权管理现状进行分析，描述其纵向发展趋势；再次，通过文献查阅等方法分析了珠三角地区制造业企业知识产权管理活动中存在的主要问题；最后，分析了美国、日本、德国等三个国家制造业知识产权管理的经验，通过比照分析给出了国外知识产权管理对于我国及珠三角地区制造业企业知识产权管理的借鉴之处。

第5章

珠三角地区制造业企业转型
升级知识产权管理系统构建

5.1 珠三角地区制造业企业转型升级知识产权管理系统的内涵及特征分析

5.1.1 珠三角地区制造业企业转型升级知识产权管理系统的内涵

要加快珠三角地区制造业企业的转型升级，必须深化珠三角地区制造业企业转型升级创新体制改革、知识产权交易平台构建和知识产权保护体系形成，以促进知识产权资源统筹配置、有效共享为重点，建设知识高效创造和转移的珠三角地区制造业企业转型升级创新体系。加大珠三角地区制造业企业转型升级科技发展战略和科技政策的协调力度，以组织实施重大专项技术为突破口，统筹制造业各行业科技计划，促进珠三角地区制造业企业转型升级从基础研究、应用研究开发、产品设计制造到技术和产品采购各环节的有机衔接。加强珠三角地区制造业企业转型升级知识创造，促进知识资源的交互转移以及知识产权成果的产业化。加强珠三角地区制造业企业转型升级内部知识产权的有效集成，建立珠三角地区制造业企业转型升级科技基础设施以及知识产权推广平台、合理共享的机制。珠三角地区制造业企业转型升级知识产权管理流程如图 5.1 所示。

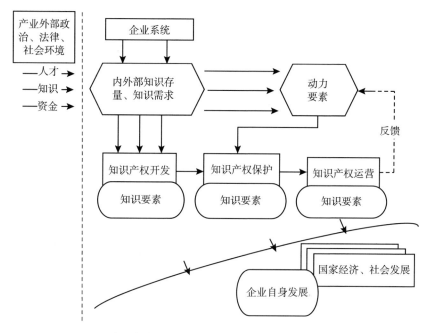

图 5.1　珠三角地区制造业企业转型升级知识产权管理流程

要实现珠三角地区制造业企业转型升级知识产权的科学管理，需从系统的角度来整体把握。"系统"是指是由一些相互联系、相互制约的若干组成要素结合而成的，具有特定功能的一个有机整体[226]。基于系统论的视角，知识产权管理是一个由多个相互依存的构成要素复合而成的系统。珠三角地区制造业企业转型升级的实质，是产业的生产要素由劳动密集型、资本密集型转变为知识密集型，产业的内部价值链由低附加值向高附加值转移与演变。珠三角地区制造业企业转型升级知识产权管理系统是指为提升对制造业核心知识与关键技术的控制力，保障珠三角地区产业知识交易、知识产权保护、知识成果商业实现等活动顺利推进的管理系统，它在服务国家与区域层面发展政策的同时指导着珠三角地区产业的知识产权开发、保护和运营等各项知识产权管理活动的顺利推进。珠三角地区制造业企业转型升级知识产权管理系统是由诸多产业和企业知识产权管理活动有机结合而成，并且各种政府层面的政策法规作为系统外部的运行环境，这一运行环境为系统提供人力、物力及财力等外部资源输入。同时系统接受各参与主体的知识产权资源投入，来实现系统的运转输入，在知识产权开发、保护与运营三个子系统的协同运转下，各参与主体获得诸如新技术、新工艺、新产品等系统输出成果，并且对整个运转过程进行管理，实现系统有效运转。

构建与完善珠三角地区制造业企业转型升级知识产权管理系统，主要有以下两个层面的考虑：第一，宏观层面上，对于珠三角地区制造业产业整体而言，知识产权管理系统能够内在促进该地区制造业产业科技水平的提升及区域经济增长方式的转型；第二，微观层面上，对于珠三角地区具体制造业微观个体企业而言，知识产权管理系统可以转变企业的生产要素的投入重点，改变企业依靠低成本实现价格优势的传统低端产业发展模式，促使企业沿着产业链向中高端跃迁，进而提升企业的自主创新能力与形成品牌优势来获取市场竞争力与市场竞争地位的提升。

5.1.2 珠三角地区制造业企业转型升级知识产权管理系统的特征

（1）高投入性。

珠三角地区制造业企业转型升级知识产权管理系统运行全过程的一个重要特征就是高投入性，表现在知识产权开发阶段主要分为两个部分：首先是研发费用的高投入，珠三角地区制造业企业转型升级的搞科研投入使得其成为资金密集型行业；其次是研发过程中的固定资产投入，这主要表现在生产设备、仪器、厂房等的投入。表现在知识产权保护阶段主要是包括对正在研发项目的跟踪监控和保护费用，同时也包括对已经获得的知识产权成果的维护所需要的费用。表现在知识产权运营管理阶段主要包括为占有市场、推广新产品而花销的宣传费用[212]。

（2）从属性。

珠三角地区制造业企业转型升级知识产权管理系统从属于制造业企业总体发展管理系统，知识产权管理也是企业战略管理的一个重要组成部分，因此，制造业企业在制定转型升级知识产权管理系统时应充分考虑企业整体战略管理系统的定位，从制造业企业转型升级知识产权发展的全局出发，同时以关联的视角处理知识产权管理系统和其他企业战略系统的关系，不应孤立地看待知识产权管理系统[261]。

（3）保密性。

珠三角地区制造业企业转型升级知识产权管理系统运行的保密性可以从两个方面进行说明：第一是知识产权管理系统中比较重要的一个环节就是知识产权保护，避免竞争对手的模仿、造假，保障了企业获取高额垄断利润；第二是新产品开发的信息保密性，由于专利申请相关政策规定在专利授权前，专利拥有人需要对其专利技术一般信息进行披露，这会给竞争对手带来模仿和攻击的便利，所以珠三角地区制造业企业会采取各种手段来提高专利信息的保密性，避免给企业带来更大的损失[212]。

（4）实用性。

珠三角地区制造业企业转型升级知识产权管理系统的构建是制造业企业依靠知识产权的开发、保护与运营管理，提升企业的自主创新与研发能力，并依靠其自主创新能力的提升来实现企业在产业价值链环节的跃迁来获取市场竞争优势，实现企业转型升级。珠三角地区制造业企业转型升级知识产权管理系统应在知识产权相关法律制度的监督和指导下，按照实际市场需要和制造业企业竞争战略的要求，开发、保护和有效运营知识产权客体，因此珠三角地区制造业企业转型升级知识产权管理系统应具有很强的实用性[261]。

5.2 珠三角地区制造业企业转型升级知识产权管理系统的构建

5.2.1 珠三角地区制造业企业转型升级知识产权管理系统的结构分析

知识产权管理是知识产权沿着智能创造自身的发展纵向发展的全过程，这个过程一般包括知识产权开发管理（智能创造产生）、知识产权保护管理（智能创造保护和规范化）和知识产权运营管理（智能创造的商业化、扩散、侵权等）三个阶段[228]。广义系统论认为，世界一切事物，无论事物大或小，物质或精神，都是以系统方式存在。因此，作为一项复杂的管理活动，珠三角地区制造业企业转型升级知识产权管理也应该以一个系统的形式存在并动态演进。

基于知识产权管理过程的视角，珠三角地区制造业企业转型升级知识产权管理系统由知识产权开发管理子系统、保护管理子系统、运营管理子系统三个子系统有机耦合而成。开发管理子系统是珠三角地区制造业各知识产权参与主体进行创新和研发的过程，即智能创造的产生阶段，是知识产权管理活动的开端，涉及知识产权从资源投入、转换到知识产权产出的全过程，涵盖了资源投入与配置、激励机制设计等内容。保护管理子系统是珠三角地区内知识产权申请、知识产权授权、知识产权维权等活动的集成，即智能创造得到法律认可和规范化阶段；该子系统需要同外界环境接触进行物质和信息的交流，有针对性地实施不同的知识产权保护策略和协作方式。运营管理子系统是知识产权交易、知识产权价值的实现过程，即智能创造的市场效益实现和市场推广阶段，同时确保知识产权运营过程中发生的知识产权侵权行为及时得到处理；该子系统对整体系统运行效果发挥至关重要，利用自身的知识产权成果产生市场效益是其主要职责。三个子系统之间相互协作，进行信息和资源的交流，不断提升知识产权管理水平，珠三角地区制造业企业转型升级知识产权管理系统模型如图 5.2 所示。

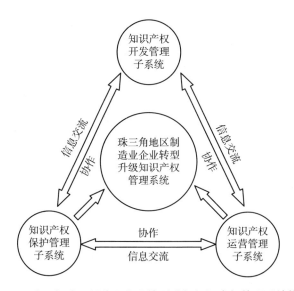

图 5.2　珠三角地区制造业企业转型升级知识产权管理系统模型

5.2.2　制造业企业转型升级知识产权开发管理子系统

　　知识产权开发管理子系统是珠三角地区制造业企业转型升级知识产权管理系统的前提和基础，决定着其他子系统的决策行为，知识产权开发管理子系统运转水平的高低关系着企业发展命运。开发管理子系统的职责在于搜集国内外相关行业信息资料，从市场需求、技术水平、法律支撑等维度分析本行业技术发展所处的阶段及技术特点，预测本领域知识产权发展趋势，决定企业自身的知识产权开发路线，在此基础上制定企业知识产权开发可行方案并加以论证，组织技术人员和知识产权开发人员依照可行方案进行知识产权开发，运用激励机制和约束机制促进知识产权开发工作的顺利施行，实现制造业企业技术优势向知识产权资源优势的转移。

5.2.3　制造业企业转型升级知识产权保护管理子系统

知识产权保护管理子系统是珠三角地区制造业企业转型升级知识产权管理系统的保障和支撑，其职责在于企业将知识产权保护上升到战略高度，有针对性地采取有效的知识产权保护手段，并做好在研发、生产、销售等环节的知识产权风险识别及防范。其中，知识产权监控、知识产权风险预警、知识产权危机处理是制造业企业转型升级知识产权保护管理的三项重要职能；知识产权监控职能的对象包含静态知识与动态知识两部分，前者主要是数据、信息等，后者涉及在知识沉淀、共享、应用学习、创新活动中的动态知识，企业知识产权监控的相关部门要分工明确、职责清晰、沟通顺畅，提高知识产权监管工作的公开性、透明性与高效性；制造业企业知识产权风险预警主要通过设立风险评估标准，并评估企业在内外部知识管理过程中所可能出现的知识产权风险，对照标准，并在风险偏差超过允许区间后进行及时预警，以免知识产权问题及后果的产生；制造业企业知识产权危机处理职能：对即将出现或已经出现的知识产权纠纷进行处理，促使企业知识产权风险处于可控范围内；该职能是对制造业企业知识产权监控和风险预警职能的延续，当对于处于预警状态的知识产权风险问题，根据其与标准的偏差，确定预警级别并设置对应的危机处置预案，制造业企业知识产权管理相关部门启动处置预案，将知识产权问题解决在萌芽状态，规避知识产权风险[229]。

5.2.4　制造业企业转型升级知识产权运营管理子系统

知识产权对企业而言，是一项重要资产和资源。但是其作为重要资产和资源必须通过市场价值实现来体现。制造业企业进行知识产权管理的根本目的在于赢得创新超额收益，知识产权管理系统要保持良性与稳定运转，系统必须获得稳定的产出。知识产权开发管理子系统和知识产权保护子系统分别是知识产权管理系统的投入子系统与转换子系统，作为知识产权管理系统输出子系统的知识产权运营管理子系统如果运转失效，表现为知识产权市场效益无法实现，那就意味着整体系统离崩溃不远。

知识产权运营管理子系统是珠三角地区制造业企业转型升级知识产权管理系统的主体和核心，统领其他子系统的行为，决定着制造业企业生产经营活动的成败。制造业企业转型升级知识产权运营管理子系统的职能：通过对企业外部环境的变动进行科学分析及预测，结合企业未来发展方向对知识产权运营方案进行科学决策，制定企业知识产权运营战略；在此运营战略的指导下确定企业知识产权运营实施方案，并采取适当经营手段开展知识产权运营活动；在企业知识产权运营活动的实施过程中，做好各项保障措施：如企业知识产权运营制度的制定与完善、企业知识产权运营管理部门的设立、企业知识产权运营人员的配备及激励等。

5.2.5　珠三角地区制造业企业转型升级知识产权管理系统的整体运行

珠三角地区制造业企业转型升级知识产权管理系统的有效运行依赖于知识产权开发管理、保护管理与运营管理 3 个子系统各自功能的实现及 3 个子系统之间的协调共驱，在保证各自自身运行良好的前提下来跨越自身限制，通过各自特有资源优势，相互配合，协调一致，推动整体系统朝着更高级的有序状态演化。在这一有序演化的过程中，运转机制起到了桥梁的作用。珠三角地区制造业企业转型升级知识产权管理系统的运转如图 5.3 所示：知识产权开发管理子系统、保护管理子系统及运营管理子系统分别作为秒针、分针和时针出现在图中的"表盘"当中，并且各个表盘的刻度均有所不同，珠三角地区制造业企业转型升级知识产权管理系统中的各子系统运转方式类似于"机械表"的运行方式，最终的刻度以珠三角地区制造业企业转型升级知识产权管理系统发展目标为依据。知识产权开发管理子系统与图 5.3 外层表盘"机械表"的秒针相对应，该子系统是确保整体系统能够良性运转及不断延续的基础和前提，如果知识产权开发管理子系统未能保持良好与可持续的稳定运转，图5.3中分针和时针也就无法运转，其中，知识产权保护管理子系统与"机械表"的分针相对应，运营管理子系统与"机械表"的时针相对应。在一个运转周期内，作为秒针的知识产权开发管理子系统的运行需要经历市场调研、知识产权开发可行性分析、项目研发和确权及市场试验等过程，分针与时针在秒针的带动下保持运转，也即是在知识产权开发管理子系统的良性运转下，知识产权保护管理和知识产权运营管理两个子系统也保持良性运转。整体而言，知识产权保护管理子系统和运营管理子系统是在知识产权开发管理子系统的驱动下运转的，而该系统的动力来源于该"机械表"的发条，构成这一系统发条的动力因素包含珠三角地区的政府相关知识产权政策支持、知识产权各主体的自主创新能力等。

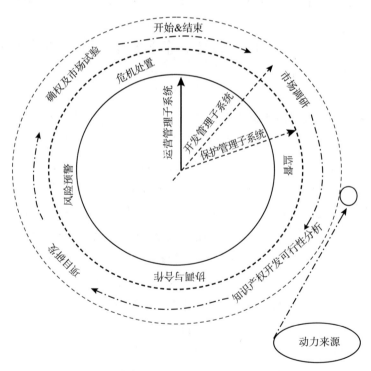

图5.3 珠三角地区制造业企业转型升级知识产权管理系统运转分析

5.3 珠三角地区制造业企业转型升级知识产权管理系统子系统间关联关系

珠三角地区制造业企业转型升级知识产权管理系统的整体功能与目标在于：提高企业自主创新能力与加快及促进企业的转型升级。知识产权开发管理子系统、知识产权保护管理子系统和知识产权运营管理子系统作为珠三角地区制造业企业转型升级知识产权管理系统的基本组成，其整体功能与目标的实现有赖于子系统间的协同发展。三个子系统通过相互作用彼此影响以致联合起来，形成一个相互依赖、相互协调、相互促进的动态关联关系，这种关联关系与三个连在一起的单摆一样，只要其中一个单摆出现运动，其他单摆随即会受到作用和影响发生摆动，那么这个系统的能量和信息也会随着单摆的态势而发生变化，直到最后关联而形成一个更高级的功能体[230]，如图 5.4 所示。

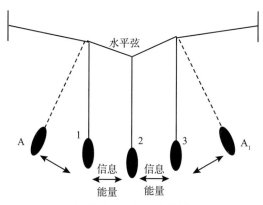

图 5.4 三摆耦合模型

珠三角地区制造业企业转型升级知识产权管理系统是开发管理子系统、保护管理子系统、运营管理子系统的关联体，如图 5.5 所示。系统功能（Y）的实现取决于三者关联的效果，即 $Y = aK(A, B, C)$，

其中 a 为参数，K 为三个节点的函数。节点 A、B、C 的含义分别如下：

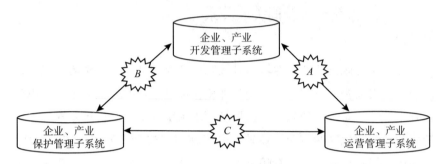

图 5.5　珠三角地区制造业企业转型升级知识产权管理子系统关联关系

节点 A：开发管理子系统——运营管理子系统关联。开发管理子系统由内部知识产权相关人、财、物的投入以及知识产权相关权益归属制度、创新定位策略、创新模式等组成；运营管理子系统由知识产权价值评价、知识产权市场开拓、知识产权交易和知识产权成果转化等组成。因此，二者之间的关联关系体现为开发管理子系统为运营管理子系统提供丰富的知识产权资源支持，运营管理子系统为开发管理子系统提供强大的动力支撑。只有具备了合理的知识产权归属制度、明确的知识创造方向、高效的研发流程以及相关资源的投入，珠三角地区制造业企业转型升级才能够拥有源源不断的知识产权资源来进行技术交易、技术成果转化和市场运营等活动。通过知识产权运营管理活动的反馈，珠三角地区制造业企业转型升级才具有更大的动力去进行研发活动，投入资源才能够得到优化配置，而知识产权相关制度才得以完善[230]。

节点 B：开发管理子系统——保护管理子系统关联。没有知识产权智力成果就没有知识产权保护的必要，知识产权开发是知识产权保护的前提，知识产权保护是实现顺利知识产权开发管理活动得以保持与延续的保证。因此，二者之间的关联关系体现为珠三角地区制造业企业只有在知识产权智力成果创造出以后，珠三角地区制造业企业才有可能采用法律、行政、制度、教育等手段赋予智力成果规范化以及合法化的权益。而只有多样的保护手段，才使得知识产权智力成果得到认可和保护，才会使知识产权开发的主体愿意开展知识产权研发活动[230]。

节点 C：运营管理子系统——保护管理子系统关联。知识产权开发管理活动的产出（智力成果）只有经过保护（特别是官方或法律上的认可）才能变为知识产权，就可以合法地在市场上实现价值转换，这样知识产权运营管理子系统就拥有正式运营的输入，知识产权保护是实现知识产权顺利运营的关键。同样，作为知识产权市场价值实现的关键，只有知识产权运营管理子系统运转顺利，才有必要进行知识产权保护管理。因此，二者之间的关联关系表现为：珠三角地区制造业企业转型升级知识产权运营管理子系统在运转过程中，必须通过知识产权保护管理子系统的配合并为其提供服务，通过知识产权保护管理子系统的运转，知识产权才具有了合法性与可交易性，这就为知识产权的运营管理提供了可能。珠三角地区制造业企业转型升级知识产权运营管理子系统的变化也是调整保护管理子系统的依据，只有根据知识产权运营的变化不断地调整知识产权保护机制，才能使得知识产权保护方案、措施更加有成效[230]。

理想情况下，珠三角地区制造业企业转型升级知识产权管理系统的开发管理子系统、保护管理子系统、运营管理子系统紧密关联、相互作用，其关联关系如图5.6所示。在这种情况下，珠三角地区制造业企业转型升级知识产权管理系统运行稳定，系统整体功能与目标能够有效实现。但是，珠三角地区制造业企业转型升级知识产权管理系统在实际运行中，由于受到企业自身及外部环境的制约，表现为子系统之间的相互联系较弱，关联模式较为松散，系统整体功能与目标能够只能够部分实现，如图5.7所示。

图 5.6　紧密关联

图 5.7　松散关联

5.4　本章小结

本章主要从理论上对珠三角地区制造业企业转型升级知识产权管理系统进行构建与分析。首先，对珠三角地区制造业企业转型升级知识产权管理系统的内涵进行界定，并分析其特征；其次，对珠三角地区制造业企业转型升级知识产权管理系统的结构进行分析，并阐述其构成子系统及整体运行；最后，在以上分析基础上，对珠三角地区制造业企业转型升级知识产权管理系统构成子系统间的关联关系进行系统阐述。

第6章

珠三角地区制造业企业转型升级知识产权管理系统运行机制分析

运行机制是指一定机体内各构成要素之间相互联系和作用的制约关系及其功能。珠三角地区制造业企业转型升级知识产权管理系统作为由一定数量的相互联系的要素与子系统组成的、具有特定功能的有机体，其处于不断发展变化的动态演进中。珠三角地区制造业企业转型升级知识产权管理系统在动态演化中要保持良性运转，需要作为调节器与控制器的运行机制来实现对系统参与主体行为及子系统的运行进行有效调节、约束和激励。本部分主要从耦合机制与动力机制两个方面来阐述珠三角地区制造业企业转型升级知识产权管理系统的运行机制。

6.1 珠三角地区制造业企业转型升级知识产权管理系统运行机制构成

基于前文对珠三角地区制造业企业转型升级知识产权管理系统内涵、结构构成及特征的分析，结合珠三角地区制造业企业转型升级的知识转移特性，本章建立了珠三角地区制造业企业转型升级知识产权管理系统的运行机制构成要素图，如图6.1所示。

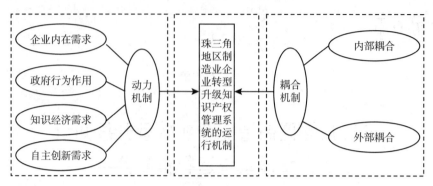

图 6.1 珠三角地区制造业企业转型升级知识产权管理系统运行机制构成要素

从图 6.1 可以看出，各种机制促进着珠三角地区制造业企业转型升级知识产权开发、知识产权运营和知识产权运营的管理活动。珠三角地区制造业企业转型升级知识产权管理系统运行的耦合机制与动力机制相关关联、相互促进，共同作用构成了珠三角地区制造业企业知识产权管理系统的运行机制。

在珠三角地区制造业企业转型升级知识产权管理系统中，企业转型升级与知识产权有效管理是一种协调共驱、相互促进的关系。珠三角地区制造业企业转型升级知识产权管理系统为制造业企业的自主创新与转型升级提供了系统支撑。在这种支撑环境下，能够克服或者减轻知识创造的恶性竞争、知识产权侵权风险以及知识产权成果转化效率低下，促成系统内各成员在知识产权开发、运营和保护的和谐关系，促成系统成员之间的知识共享、研发合作、生产合作与销售合作，进而实现微观个体企业的产业价值链的提升与延展[231]。

制造业企业转型升级知识产权管理系统为了发展，需要内部主体、内外部主体相互促进、相互作用、相互协调的，表现为企业内部耦合、企业之间耦合、子系统耦合以及外部环境耦合。制造业企业转型升级知识产权管理系统在企业内在需求、政府行为作用、知识经济要求和创新能力提升需求的共同作用下向前演进发展，形成需求导向、政策拉动的动力。

因此，珠三角地区制造业企业转型升级知识产权管理系统运行机制可以分为耦合机制与动力机制。其中，耦合机制是维持制造业企业发展的必需，制造业企业只有实现企业内部、企业之间以及企业与外部环境的耦合，才能够促进产业成长，维持产业协同效应；动力机制实现对制造业企业转型升级知识产权管理系统发展的内部需求和外在拉动直接或者间接的刺激和激励知识产权管理系统的成长。这些机制共同作用，能够提升制造业企业知识产权管理的成效，促进知识产权管理系统的和谐发展。

6.2　珠三角地区制造业企业转型升级知识产权管理系统的耦合机制

6.2.1　珠三角地区制造业企业转型升级知识产权管理系统耦合关系解析

珠三角地区制造业企业转型升级知识产权管理系统中的耦合包括系统内部耦合和外部耦合两个层面，其中内部耦合存在三个层次：珠三角地区制造业企业内部耦合、企业间耦合和子系统间耦合。

珠三角地区制造业企业内部耦合是珠三角地区制造业企业转型升级知识产权管理系统建设的基础，只有通过企业内部耦合，才能从源头上达到系统内知识的有效转移，实现知识产权的高效产出和利用；通过珠三角地区制造业企业之间耦合，才能消除企业内部耦合、知识产权交易和知识产权保护难以消除的信息不对称影响；通过珠三角地区制造业企业转型升级知识产权开发管理子系统、运营管理子系统和保护管理子系统的耦合，可以充分依托产业优势资源，并从产业集中管理角度全面解决珠三角地区制造业企业转型升级知识产权管理子系统无法解决的问题[232]。

　　珠三角地区制造业企业转型升级知识产权管理系统的外部耦合指的是珠三角地区制造业企业转型升级知识产权管理系统与产业外部因素之间的耦合，不仅关系到珠三角地区制造业企业转型升级知识产权管理系统自身的生存发展，而且关系到企业转型升级和知识产权管理的可持续发展。珠三角地区制造业企业转型升级知识产权管理系统的耦合关系如图 6.2 所示。

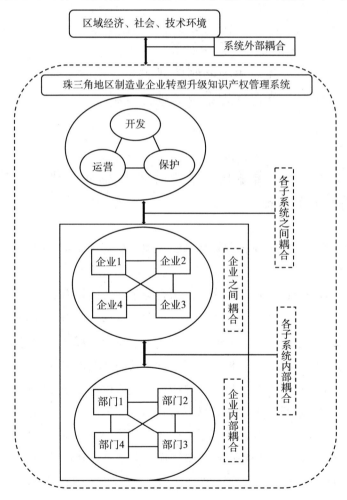

图 6.2　珠三角地区制造业企业转型升级知识产权管理系统的耦合关系

6.2.2　珠三角地区制造业企业转型升级知识产权管理系统的内部耦合

6.2.2.1　企业的内部耦合

珠三角地区制造业企业转型升级知识产权管理系统的目标在于：通过知识产权管理系统的构建及有效运作，实现制造业企业知识产权的开发、保护与运营，提升企业的自主创新与研发能力，并依靠自主创新能力的提升来实现企业在产业价值链环节的跃迁来获取市场竞争优势，实现企业转型升级。制造业企业是珠三角地区制造业企业转型升级知识产权管理系统的基本构成单元及最重要的参与主体。为了实现制造业企业转型升级知识产权管理系统的有效运转，必须保障企业具备完善的知识产权管理规范与制度、专业的知识产权管理部门、知识产权管理信息化平台等条件。为了具备这些条件，在知识产权管理系统运转功能与目标的指导下，企业内部各相关部门应该相互耦合，实现从技术研发前的知识产权开发准备到知识产权成果市场效益转化的全过程中企业人、财、物、信息与制度的耦合，保障知识产权创造、保护、运用、交易的高效顺利进行。

6.2.2.2　企业之间的耦合

在珠三角地区制造业企业转型升级知识产权管理系统中，制造业企业特别重视要与其他企业开展横向与纵向两个方面的知识获得、创造、分享、整合、记录、存取、更新和创新等知识产权管理活动，以此增强企业自身的知识储备和研究开发能力，进而获得竞争优势，最终获得核心竞争力。当前，技术的高级化、复杂化，导致企业间的合作研发显得越来越有必要。因此，珠三角地区制造业企业间开展合作研发，获得新技术的突破是一种趋势，但是，制造业企业必须在知识共享和自身知识产权保护之间寻求平衡，首先，要对合作研发过程中知识共享环节有可能出现的核心技术泄露，知识产权侵权问题进行事先评估，并事先制定规避措施；其次，企业在知识产权管理合作过程中，尝试多种知识产权分配模式，促使参与各方企业"共赢"，这样就能够更好地发挥知识产权管理的耦合效应。另外，广义上的企业间耦合不局限于珠三角地区制造业企业的耦合，企业间耦合的边界可以根据知识产权管理实际进行伸缩。

提高珠三角地区制造业企业转型升级知识产权管理系统耦合水平的核心，是发挥制造业企业之间的耦合。链状结构和网状结构是珠三角地区制造业企业之间耦合的两种基本结构。链状结构表现为在制造业企业转型升级知识产权管理系统运作过程中的企业之间的直接耦合，是一种简单的一维结构链结构，企业有且只能与一个其他企业维持物质流动、能量转化、信息传递和工作协作等关系。网状结构表现为在制造业企业转型升级知识产权管理系统运作过程中的企业之间的复杂耦合，企业同时与多个企业维持物质流动、能量转化、信息传递和工作协作等关系，最终使整个链状结构耦合成错综复杂的网络结构。

6.2.2.3　子系统之间的耦合

知识产权开发管理子系统、保护管理子系统和运营管理子系统相互耦合形成了珠三角地区制造业企业转型升级知识产权管理的有机系统整体。珠三角地区制造业企业转型升级知识产权管理系统运行的目标：通过提高珠三角地区制造业企业自主创新能力，进而内生的促进珠三角地区制造业企业沿着行业产业链跃迁，进而实现转型升级。这一目标的实现需要三个子系统的耦合发展，具体表现：知识产权开发管理子系统为基础是知识产权保护和运营的前提；知识产权保护管理子系统是保障，为知识产权开发和运营提供手段和途径，知识产权运营管理子系统是关键，为知识产权开发和保护提供资金支持和动力支撑[186]。

6.2.3　珠三角地区制造业企业转型升级知识产权管理系统的外部耦合

珠三角地区制造业企业转型升级知识产权管理系统只是区域创新系统的构成子系统之一，它根植于珠三角地区的资源支撑和环境承载。珠三角地区的政策环境、法律法规环境、文化环境、经济环境、科学技术环境等外部环境因素制约与决定了珠三角地区制造业企业转型升级知识产权管理系统的性质、规模、结构。因此，珠三角地区制造业企业转型升级知识产权管理系统外部耦合是指制造业企业转型升级知识产权管理系统与珠三角地区这一区域的耦合，即在于珠三角地区的政策环境、法律法规环境、文化环境、经济环境、科学技术环境等外部环境因素的相互联系、相互作用、相互制约中，实现二者的共同发展。

珠三角地区制造业企业转型升级知识产权管理系统作为珠三角地区这一区域有着特定目标与功能的子系统，如何通过珠三角地区制造业企业转型升级知识产权管理系统的建设与完善来实现对珠三角地区这一外围母体系统的发展与促进，是珠三角地区制造业企业转型升级知识产权管理系统与珠三角地区外部耦合的主要内容，珠三角地区制造业企业转型升级知识产权管理与区域耦合发展如图6.3所示。

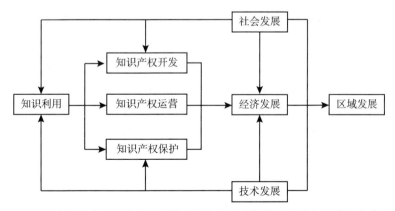

图6.3　珠三角地区制造业企业转型升级知识产权管理系统与区域耦合发展

6.3　珠三角地区制造业企业转型升级知识产权管理系统的动力机制

珠三角地区制造业企业转型升级知识产权管理系统作为一个由知识产权开发管理子系统、运营管理子系统、保护管理子系统所组成的复杂系统，它的发展、演化都是有其特定的动力作保证的。本部分从动力要素和动力机制两个方面研究珠三角地区制造业企业转型升级知识产权管理系统的运行动力。

6.3.1　珠三角地区制造业企业转型升级知识产权管理系统的动力因素

6.3.1.1　制造业企业内在的需求

珠三角地区制造业企业进行知识产权管理的目标在于发挥自主创新对企业转型升级的内在核心作用，提升企业核心竞争力，获得自身收益的最大化。珠三角地区制造业企业内在的知识产权管理系统运行动力要求是珠三角地区制造业企业转型升级知识产权管理系统行为产生的基础和根源。

珠三角地区制造业企业内在的知识产权管理需求主要表现在以下四个方面：第一，获得长期竞争优势的需求。知识产权是一种能给珠三角地区制造业企业带来竞争优势的资源，具有稀缺性、不可模仿性、不可替代性和附加值性等特点。第二，提升竞争优势的需要。珠三角地区制造业企业只有对其知识产权资源进行有效管理，使之产生价值，才能在激烈的市场竞争中占据优势，而完善的知识产权管理系统是提升珠三角地区制造业企业竞争优势的有效措施。第三，享受政府优惠、研发费用税前扣除的需要。珠三角地区制造业企业进行知识产权管理，其主要目的之一就是拥有核心自主知识产权的成果，包括专利、商标、核心技术等。而这些自主知识产权的产生过程及最终成果会获得某些政策支持。如果企业被认定为高新技术企业，那么就可以在税收方面享受一定的优惠。如果企业拥有中国驰名商标，则会受到政府奖励等。第四，打造品牌、提升形象的需要。对于珠三角地区制造业企业而言，知识产权强企是一个非常好的发展战略，企业基本情况以及战略措施的差异性形成了不同的企业形象口碑。这种形象口碑在市场营销领域会直接影响消费者对企业产品的可接受程度，并最终影响产品的市场空间[212]。

6.3.1.2 政府行为的作用

对于珠三角地区制造业企业转型升级知识产权管理，政府主导着政策、法律的制定，并承担着最大的责任。虽然通过研究论证、意见上传等方式可以使民众关于知识产权管理的意识和觉悟成为政策决策的资源，但最终都是由代表整体国家意志的政府以制度、战略或法律法规来实现的。政府对知识产权管理的行为支撑着珠三角地区制造业企业转型升级知识产权管理系统的运行，通过对珠三角地区制造业企业转型升级知识产权发展现状进行分析，同时兼顾以往的经验教训和未来的战略目标，政府在珠三角地区制造业企业转型升级的知识产权管理中的行为至少应当细分为构建行为、服务行为、保障行为和协调行为等四个方面[212, 233]，如图 6.4 所示。

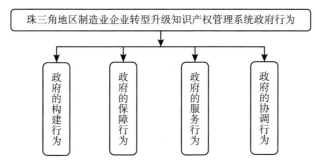

图 6.4 政府在珠三角地区制造业企业转型升级知识产权管理中的行为

第一，政府的构建行为。其一，政府构建一个符合珠三角地区制造业企业转型升级需要的知识产权发展战略；其二，政府根据国家相关法律法规，做好珠三角地区制造业企业转型升级知识产权相应行政法规体系的构建和完备工作，编织成一张繁密而有序的知识产权行政法规网络；其三，政府构建一支优秀的知识产权队伍，特别是立法与执法队伍；其四，政府要构建一套科学先进、配合国家及区域的知识产权预警机制的知识产权管理体系；其五，政府要营造一个鼓励创新、重视知识产权保护的知识产权管理的社会环境。

第二，政府的保障行为。首先，政府保障知识产权权利人和权利相对人的合法权益，重点关注知识产权管理的参与的微观主体：制造业特定行业、企业；其次，政府要采用相应的物质和精神激励方式对珠三角地区制造业企业的自主创新热情进行呵护；再次，政府为珠三角地区制造业企业转型升级中的行业和企业全面统筹以市场为导向、奉行标准先行的技术路线，帮助其做大做强搭桥铺路；最后，政府以充足的资金和相对倾斜的政策构建多主体参与的知识产权合作开发平台。

第三，政府的服务行为。首先，知识产权相关政府部门，从珠三角地区制造业企业转型升级行业、企业协会出发，规范知识产权违法行为，并大力宣传守法行为，做到服务为本的监督责任；其次，政府应充分发挥自身优势，充当"联接器"，为拓宽知识产权市场渠道和服务方式采取更多措施，为知识产权成果的市场化建立转化平台。

第四，政府的协调行为。首先，在珠三角地区制造业企业转型升级知识产权战略的制定和执行过程中，政府要兼顾战略稳定性和策略灵活性，并依据外部环境的变化而相应调整；其次，政府对珠三角地区制造业企业转型升级知识产权管理系统中各知识产权参与主体的信息传递、资源共享和利益分配进行协调，提升珠三角地区制造业企业转型升级知识产权管理系统的运行效率；最后，政府协调知识产权的引进与输出关系，在鼓励引进消化先进知识产权的同时，鼓励珠三角地区制造业企业输出成熟地知识产权，实现市场价值和社会效益。

6.3.1.3　知识经济发展的需求

（1）有效克服知识经济中知识产权垄断与共享矛盾的需要。

知识经济背景下，知识产权开发面临着极低的知识共享成本，而与知识产权研发创新的高风险、高不确定性不匹配，这导致在知识产权开发时间中，知识产权开发者的拥有者通过对知识产权进行"垄断"来实现风险的规避与收益的增加，这种方式是违背知识经济的一般规律的。为了解决珠三角地区制造业企业知识共享与垄断的矛盾，就必须进行有效的知识产权管理：确保珠三角地区制造业企业知识成果在生产、使用、权利归属和利益分享过程中得到法律保护，进而有效调整了知识创造者、利用者和收益者之间的各种权益关系。

（2）有效规范知识经济中知识、知识产权与市场关系的需要。

知识产权管理使知识成为商品并能够成为财富，这让更早掌握知识的人获得经济发展的制高点和高额垄断利润。知识产权的法律化和系统化使得专利、商标、版权、商业秘密、技术诀窍、商誉等知识成为财富创造的知识产品，并且使它们成为能够创造巨额经营收益的生产经营活动的智力资本。当然这种经营收益必须是以知识成果满足市场需求为前提的，如果知识成果所生产出来的产品不为市场需要，那么就会减少或者失去经营收益。因此，知识成果的价值是要在市场中发挥作用并接受检验的，市场成为衡量知识成果价值的一个非常重要的尺度。对于知识成果市场的完善，知识产权管理起着不可替代的作用，只有健全的知识产权管理制度，才能够为知识产权和技术创新营造比较好的法制环境，进而促进知识成果价值转化。

6.3.1.4　珠三角地区制造业企业转型升级自主创新的需求

（1）自主创新激励的需求。

对于珠三角地区制造业企业，为了提高自主创新成果产出效率，就必须做好知识产权的归属与分享规划、知识成果的转让与引进管理、知识产权的流失与控制管理，其实质是对研发组织及研发人员创造性的激励与科技活动的规范。只有建立和完善的具有激励效果的知识成果分配与奖励制度、科技人才评价与激励，才能创造出更加有利于自主创新能力提高的创新环境[234]。

（2）自主创新动力的需求。

珠三角地区制造业企业通过知识产权管理特别是知识产权运营管理使企业自主创新成果转化为经济效益与社会效益，经济效益与社会效益作为企业自主创新活动的成果，促使企业获得了继续进行和加大自主创新的动力，也保障了企业自主创新活动所需人、财、物资源的稳定投入，从而促进了自主创新的良性循环，如图 6.5 所示。珠三角地区制造业企业转型升级知识产权管理开始于从知识成果产生构思，结束于知识成果的成功商品化、产业化与市场化。

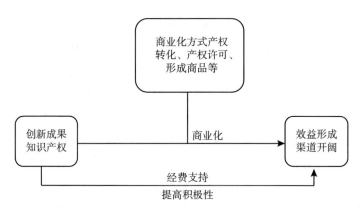

图 6.5　知识产权管理对珠三角地区制造业企业自主创新良性循环的促进

（3）自主创新资源优化的需求。

在珠三角地区制造业企业进行新知识成果开发过程中，通过对内部知识数据库和外部知识数据库中相关知识产权、技术秘密等已完成知识成果的查询，能够减少重复研发和提高研发效率；知识产权信息的共享、交流与技术的有偿转让，有助于创新知识成果的传播，使珠三角地区制造业企业内部、企业之间、与其他类型企业之间的技术资源优化配置，在关键领域形成自主知识产权[234]。

（4）自主创新交流促进的需求。

对于珠三角地区制造业企业而言，自主创新并不是"封闭式"的创新，而应该是"开放性"的创新，必须坚持自主开发与引进技术知识相结合的高起点自主创新战略，对外部先进科学技术知识的引进与消化吸收，可以提高其自主创新起点、加快其自主创新速度。要成功引进外部的先进技术知识，需在保护对方知识产权的前提下，采取合法手段进行引进，并进行消化吸收再创新，形成自主知识产权。

6.3.2　珠三角地区制造业企业转型升级知识产权管理系统动力机制模型

在珠三角地区制造业企业转型升级知识产权管理系统的实际运作中，其动力因素并不是简单孤立地发挥作用，各动力因素相互联系、相互影响共同作用于系统。珠三角地区制造业企业转型升级知识产权管理系统发展的动力机制如图 6.6 所示。

珠三角地区制造业企业内在的知识产权管理需求即企业对竞争优势、创新思路、安全经营、形象和利益的追求是珠三角地区制造业企业转型升级知识产权管理系统发展的内在驱动力。出于未来竞争优势提高、创新思路的获取、安全经营、形象培养和政府优惠政策获取的需要，企业会循环利用知识资源、尽量减少知识浪费、努力实现知识产权交换，积极建立企业知识产权管理系统链，知识产权管理所能带来的巨大经济利益必然驱动企业参与珠三角地区制造业企业转型升级知识产权管理系统的建设。因此，企业对知识产权管理的内在需求成为珠三角地区制造业企业转型升级知识产权管理系统实现稳定发展的根本推动力。

政府行为则发挥着"推—拉"的作用，第一，政府行为的推动作用：政府通过制定相关政策、法律法规来约束和惩罚制造业企业的知识产权侵权、恶意泄露等违法行为，推动企业进行自主研发和进行知识产

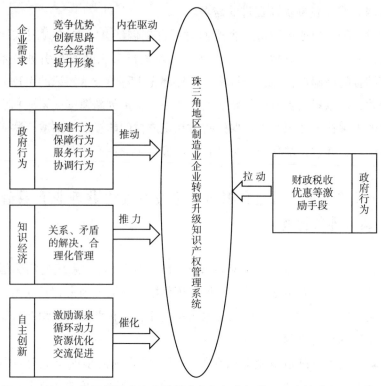

图6.6 珠三角地区制造业企业转型升级知识产权管理系统的动力机制模型

权交易；第二，政府行为的拉动作用：政府通过实施积极相关鼓励企业创新的激励措施，包括税收优惠，优先采购等，可以对企业的自主创新与知识产权交易活动起到拉动作用。

知识经济的发展对珠三角地区制造业企业转型升级知识产权管理系统的发展也起着推力的作用。在以知识和信息为特征的知识经济下，知识已经成为最重要的经济资源，创造性智力成果的含量在市场竞争中越来越占主导地位，成为珠三角地区制造业企业转型升级经济增长和发展的决定性因素，有形产品中蕴含的知识量成为竞争的基础和关键。珠三角地区制造业企业转型升级知识创新与垄断、垄断与共享的矛盾日益凸显，知识、知识产权与市场的关系日益复杂，高技术创新、知识产权的合理化管理需求凸显。珠三角地区制造业企业转型升级如果不进行知识产权管理，就可能面临发展受限，甚至珠三角地区某些制造业企业会被淘汰。

制造业企业自主创新的需求是作为珠三角地区制造业企业转型升级知识产权管理系统发展的"催化剂"，知识的进步与创新总是围绕着市场需求进行，总是在发现并创造适合它应用的需求，不断产生的新需求也总能在不久之后找到知识产权支撑。同时对知识产权的追求以及有效运用成为珠三角地区制造业企业转型升级自主创新的源泉激励和循环动力，知识产权管理促进着珠三角地区制造业企业转型升级的知识资源优化和知识交流。上述各种动力因素配合默契、互相影响，为珠三角地区制造业企业转型升级知识产权管理系统发展提供了强大的动力[188]。

6.4　本章小结

本章主要是对珠三角地区制造业企业转型升级知识产权管理系统的运行机制进行分析。首先，对珠三角地区制造业企业转型升级知识产权管理系统的耦合机制进行分析，从内部耦合和外部耦合两个层面分析了珠三角地区制造业企业转型升级知识产权管理系统的耦合机制；其次，研究了珠三角地区制造业企业转型升级知识产权管理系统的动力机制：从企业内在需求、政府行为的作用、知识经济发展的需求和自主创新需求四个方面分析了系统的动力要素，并建立珠三角地区制造业企业转型升级知识产权管理系统的动力机制模型。

第7章

珠三角地区制造业企业转型升级知识产权
管理系统运行效果评价

本章在对珠三角地区制造业企业转型升级知识产权管理系统内涵、结构及运转机制进行阐释的基础上，对现阶段珠三角地区制造业企业转型升级知识产权管理系统的运行效果进行实证研究，探析珠三角地区制造业企业转型升级知识产权管理系统运行现状与亟待改善的主要因素，从而为全面提升珠三角地区制造业企业转型升级的知识产权管理水平提供决策依据。

7.1 评价指标体系设计

7.1.1 评价指标体系设计的原则

评价指标体系的设计是对珠三角地区制造业企业转型升级知识产权管理系统运行效果进行评价的基础。因此，本章在构建评价指标体系遵循了以下原则[235]。

（1）科学性原则。

对珠三角地区制造业企业转型升级知识产权管理系统运行效果进行

评价，其评价结果是否准确、合理，很大程度上取决于珠三角地区制造业企业转型升级知识产权管理系统运行效果评价指标体系是否科学。珠三角地区制造业企业转型升级知识产权管理系统运行效果评价指标体系的科学性包含以下两个方面：①准确性，指标的概念要准确，涵义要明晰，尽可能避免和减少主观臆断，指标体系的层次和结构应合理，同时各指标之间应协调统一；②完整性，指标体系应围绕评价目的，全面完整的反映评价对象，不能遗漏重要方面。

（2）可操作性原则。

在评价珠三角地区制造业企业转型升级知识产权管理系统运行效果时，所提取的评价指标要容易获取，具有实际意义。因此在建立评价指标体系时，应该将指标的具体含义和内容描述清楚，尽量设置较为简单的评价指标，一些较为复杂的指标能够用其他数量指标进行计算获得。过于烦琐的指标不但会增加珠三角地区制造业企业转型升级知识产权管理系统运行效果评价的工作量，也会造成评价结果缺乏可信性。

（3）系统性原则。

珠三角地区制造业企业转型升级知识产权管理系统由知识产权开发管理子系统、保护管理子系统与运营管理子系统3个子系统有机耦合而成。各个组成子系统要有一些相应的指标才能反映出来，这就要求指标的遴选既要具有足够的覆盖面，又要具有一定的代表性。指标的选择不是简单的指标罗列和堆砌，更应考虑指标间的系统关系。为了配合本章的评价方法，本章将评估指标划分为目标层、准则层、指标层三个层次。

7.1.2 评价指标体系的确定

如何构建珠三角地区制造业企业转型升级知识产权管理系统运行效果评价的指标体系，学术界并没有达成统一的标准。本章在最大限度地满足对珠三角地区制造业企业转型升级知识产权管理系统的内涵、构成子系统及运转机制的基础上，参考了国内外相关文献[236-239]，本章对珠三角地区制造业企业转型升级知识产权管理系统运行效果评价指标体系作如下构建：该指标体系是由目标层、准则层和指标层构成的三级递阶结构，其中，目标层为珠三角地区制造业企业转型升级知识产权管理系统运行效果；准则层与珠三角地区制造业企业转型升级知识产权管理系统的构成相对应，分别是知识产权开发管理子系统，保护管理子系统、运营管理子系统 3 项；指标层是对各准则层的细化和分解，具体包含 13 项具体指标，具体如表 7.1 所示。

表 7.1　　　　珠三角地区制造业企业转型升级知识产权
管理系统运行效果评价指标

目标层	准则层	指标层
珠三角地区制造业企业转型升级知识产权管理系统	开发管理子系统	R&D 人员（D_1）
		R&D 经费内部支出（D_2）
	保护管理子系统	专利申请数（P_1）
		专利授权数（P_2）
		PCT 国际专利申请（P_3）
		新增驰名商标（P_4）
		珠三角地区专利技术实施计划项目数（P_5）
	运营管理子系统	专利纠纷案件受理数（O_1）
		纠纷案件结案数（O_2）
		查处假冒专利立案数（O_3）
		查处假冒专利结案数（O_4）
		新产品销售收入（O_5）
		新产品出口额（O_6）

7.1.3　评价指标的内涵

（1）知识产权开发管理子系统评价指标。

R&D 人员（D_1）：指从事新知识、新产品、新工艺、新方法、新系统的构思或创造的专业人员及 R&D 项目或 R&D 机构的高级管理人员。该指标是测度珠三角地区制造业企业从事知识产权开发工作的核心要素投入数量和质量的一个重要指标。

R&D 经费内部支出（D_2）：指企业用于内部开展 R&D 活动（包括基础研究、应用研究、试验发展）的实际支出。该指标作为衡量珠三角地区制造业企业从事知识产权开发管理活动财力投入的衡量指标。

（2）知识产权保护管理子系统评价指标。

专利申请数（P_1）：指报告年度内按照法律程序，知识产权主体向专利行政部门提出专利（包含发明、实用新型、外观设计三种专利）申请并被受理的件数。该指标是珠三角地区制造业企业知识产权保护管理取得成果的衡量指标之一。

专利授权数（P_2）：指报告年度内由专利行政部门对专利申请无异议的，做出授予专利权决定，发给专利证书，并将有关事项予以登记和公告的专利数。该指标专利是衡量珠三角地区制造业企业知识产权开发管理活动中知识性成果的一种直接反映，专利获得最终授权，进而使企业的知识产权开发管理活动的成果获得了法律层面的认可与保护。

PCT 国际专利申请（P_3）：指报告年度内，知识产权开发主体就一项发明创造在《专利合作条约》缔约国获得专利保护时，按照规定的程序向某一缔约国的专利主管部门提出的专利申请。PCT 国际专利申请量是反映了珠三角地区制造业企业实施"走出去"战略的直接参考指标，标志着企业的知识产权成果获得国际认可与保护，是企业开拓海外市场的重要武器。

新增驰名商标数（P_4）：指报告年度内，知识产权开发主体所获得向中国国家工商行政管理局商标局提出申请，并获得官方认定的一种商标类型。申请驰名商标不仅仅可以对相同或者类似商品或服务予以保护，同时也对不相同或者不相类似的商品申请注册或者使用时，法律不予注册并禁止使用。对企业商标给予的法律保护，已经成为珠三角地区制造业企业知识产权管理中的一项主要措施。

广东省专利技术实施计划项目数（P_5）：为了扶持重点技术领域和

产业发展需要，广东省对技术水平高、具有市场潜力的专利技术进行扶持，促使其实现产品化、市场化及产业化，促进高技术产业的知识产权化和拥有自主知识产权的高技术产业化，进行广东省专利技术实施计划项目的申请与审批，用广东省专利技术实施计划项目数这一指标作为衡量珠三角地区制造业企业知识产权保护管理的一项补充指标。

（3）知识产权运营管理子系统评价指标。

专利纠纷案件受理数（O_1）、纠纷案件结案数（O_2）、查处假冒专利立案数（O_3）、查处假冒专利结案数（O_4）：该四项指标反映了珠三角地区制造业企业知识产权运营与经济转化过程中，行政机关在处理知识产权侵权行为的执行力有效性。及时受理专利纠纷案件，有利于制造业企业知识产权知识性产出的有效流转与经济转化。

新产品销售收入（O_5）：该指标是指企业在主营业务收入和其他业务收入中销售新产品实现的收入。制造业企业开展相关知识产权管理活动，其最终目标是将知识性产出转化为获得市场认可的新产品，进而获得经济效益。该指标是衡量制造业企业知识产权运营是否有效的关键指标。

新产品出口额（O_6）：新产品出口额在一定程度上反映了制造业企业研发创新对企业国际竞争力的影响，它可以衡量制造业企业知识产权管理知识性产出在国际市场上的经济效益转换水平。

7.2　评价模型的构建

7.2.1　基于微粒群算法的权重确定模型

7.2.1.1　微粒群算法简介

微粒群算法，又称粒子群优化（Particle Swarm Optimization，PSO），是由 J. Kennedy 和 R. C. Eberhart 等人于 1995 年开发的一种演化计算技

术，来源于对一个简化社会模型的模拟。它是基于对鸟群寻找栖息地的研究提出来的，其思想来源于人工生命以及演化计算理论[240]。该算法中将鸟群运动模型中的栖息地类比于所求问题解空间中可能解的位置，通过个体间的信息传递，导引整个群体向可能解的方向移动，在求解过程中逐步增加发现较好解的可能性。与进化算法相比，PSO 保留了基于种群的全局搜索策略，但其采用的"速度—位移"模型操作简单，避免了复杂的遗传操作，是一种更高效的并行搜索算法，微粒群算法目前已成为进化算法的一个重要分支。

（1）算法原理[241-244]。

在 PSO 中，优化问题的每个解被称为"微粒"（或粒子），所有的微粒就构成了微粒群，并且都有一个优化函数决定其所对应的适应值（fitness value），每个微粒都具有一个速度决定它们飞行的方向和距离，然后这些微粒就追随当前的最优微粒在解空间中搜索。PSO 依据个体（微粒）的适应值大小进行操作，它的飞行速度由个体的飞行经验和群体的飞行经验协调进行动态调整。

设 $X_i = (x_{i1}, x_{i2}, \cdots, x_{in})$ 为微粒 i 的当前位置；$V_i = (v_{i1}, v_{i2}, \cdots, v_{in})$ 为微粒 i 的当前飞行速度；$P_i = (p_{i1}, p_{i2}, \cdots, p_{in})$ 为微粒 i 所经历的最好位置。

为简化问题，设 $F(X)$ 为最小化目标函数，则微粒 i 的当前最好位置由下式决定：

$$P_i(t+1) = \begin{cases} P_i(t) & \text{如果} f(X_i(t+1)) \geqslant f(P_i(t)) \\ X_i(t+1) & \text{如果} f(X_i(t+1)) \leqslant f(P_i(t)) \end{cases} \quad (7.1)$$

另设群体规模（微粒数）为 s，则群体中所有微粒所经过的最好位置为 $P_g(t)$ 由下式决定：

$$P_g(t) = \min\{f(P_0(t)), f(P_1(t)), \cdots, f(P_i(t))\} \quad (7.2)$$

则 PSO 的进化方程可描述成：

$$v_{ij}(t+1) = \omega v_{ij}(t) + c_1 \cdot rand_1 \cdot [p_g(t) - x_{ij}(t)] + c_2 \cdot rand_2 \cdot [p_g(t) - x_{ij}(t)]$$

$$x_{ij}(t+1) = x_{ij}(t) + v_{ij}(t+1) \quad (7.3)$$

其中，"i"表示微粒i，"j"表示维数，"t"表示第t代。"$\omega(t+1)$"表示惯性权重。c_1、c_2为加速度常数；$rand_1()$、$rand_2() \sim U(0, 1)$为两相互独立的随机函数。

（2）算法流程[241-244]。

微粒群算法流程如图7.1所示。

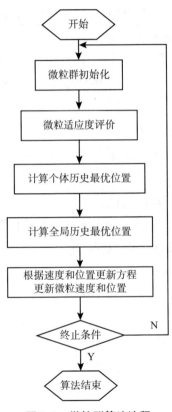

图7.1 微粒群算法流程

步骤一：初始化所有微粒（群体规模为N）的位置和速度；

步骤二：评价每个微粒的适应值；

步骤三：对于每个微粒，将其适应值与所经历过的最好位置P_{best}的适应值进行比较，若较好，则将其作为当前的最好位置；

步骤四：对于每个微粒，将其适应值与群体所经历过的最好位置 Pgd 的适应值进行比较，若较好，则将其作为当前的全局最优位置；

步骤五：根据速度和位置更新方程对微粒的速度和位置进行进化更新；

步骤六：如未达到结束条件，即足够好的适应值或预设的最大代数，则返回步骤二。

（3）算法参数[241-244]。

算法参数主要包括：群体规模 s，惯性权重 ω，加速度常数 c_1、c_2，最大进化代数 N。

群体规模 s：群体规模大小直接影响算法的进化进程，规模大计算速度会有所下降，但最优适应值出现的概率将加大。

惯性权重 ω：惯性权重表示了微粒速度惯性的一个重要参数，它的存在使得算法有能力在解空间探索新的区域，从而保证算法随进化代数增加，搜索出更优的适应值。本章中设定其表达式是随迭代代数逐步减少的线性函数，这样，使进化方程在初期具有较强的全局收敛能力，而晚期有较好的局部收敛能力，函数如下：

$$\omega(t) = 0.9 - 0.5 \cdot t$$

加速度常数 c_1、c_2：加速度 c_1 和 c_2 对算法性能同样具有重要影响。若 $c_1 = 0$，算法失去认知能力；若 $c_2 = 0$，微粒之间没有信息共享，丧失了社会认知能力。因此，对 c_1 和 c_2 的设置关系到自身认知与社会认知的协调。

最大进化代数 N：进化代数大小也决定了算法寻优的效果。进化代数越大，寻优的效果越好，但会降低计算速度，进化代数较小会影响最优解的出现的概率。

7.2.1.2　基于微粒群算法的权重确定模型及其求解步骤

本章通过以与最优和最劣对象距离之和最小为准则，建立一个关于权重的非线性规划问题，给出其数学规划模型，运用微粒群算法来求解评价指标的权重[245-247]。

设有 m 个地市，每个地市共有 n 个评价指标，这样就构成了一个 $m \times n$ 阶的矩阵 X_{mn}，则基于微粒群算法的评价指标权重确定模型为：

（1）构建判断矩阵。

按照公式（7.1）将各指标的原始数据进行标准化，得到判断矩阵 R。

$$z_{ij} = \frac{x_{ij}}{\sum_{i=1}^{m} x_{ij}} \qquad (i = 1, 2, \cdots, m, j = 1, 2, \cdots, n) \qquad (7.4)$$

运用微粒群算法确定指标权重的基础是判断矩阵 R，R 的各列表示 m 个地市 n 个具体指标的标准化值。

$$R = \begin{bmatrix} z_{11} & z_{21} & \cdots & z_{m1} \\ z_{12} & z_{22} & \cdots & z_{m2} \\ \vdots & \vdots & \ddots & \vdots \\ z_{1-n} & z_{2-n} & \cdots & z_{m-n} \end{bmatrix}$$

（2）确定指标的权重。

确定指标的权重是珠三角地区制造业企业转型升级知识产权管理系统运行效果评价的关键。在确定评价指标的权重时，本章建立了一个目标函数：即以与最优和最劣对象距离之和达到最小为目标，运用微粒群优化算法来求解参数，即指标权重 ω。

设最优对象为 $G = (1, 1, \cdots, 1)^{T}$，最劣对象为 $H = (0, 0, \cdots, 0)^{T}$，目标即为：

$$\min f(\omega) = \sum_{j=1}^{n} f_j(\omega) = \sum_{j=1}^{n} \sum_{i=1}^{m} \omega_j^2 \left[\frac{(1 - R_{ij})^2 + R_{ij}^2}{mn} \right] \quad s.t \begin{cases} \sum_{j=1}^{n} \omega_j = 1 \\ \omega_i \geqslant 0 \end{cases}$$

$$(7.5)$$

其中，m 是评价对象个数，n 是指标个数。

在利用微粒群求解指标权重 ω_i 之前，首先利用罚函数法将优化函数（7.6）式转化为适应度函数：

$$F(\omega) = A(\sum_{j=1}^{n} \omega_j - 1)^2 + B \sum_{j=1}^{n} \sum_{i=1}^{m} \omega_j^2 \left[\frac{(1 - R_{ij})^2 + R_{ij}^2}{mn} \right] \quad (7.6)$$

式中 A 与 B 为惩罚因子。一般情况下，取 A，B 随矩阵 R 的不同而有所不同。利用微粒群对函数（7.6）式进行权重计算的步骤如下：

步骤一：设置微粒群的第 i 个体初始值为：

$$\omega_i(0) = [\omega_{ij}(0)] = [\omega_{i1}(0), \omega_{i2}(0), \cdots, \omega_{im}(0)] \quad (7.7)$$

其中 $i = 1, 2, \cdots, N$，N 是微粒群的规模，$j = 1, 2, \cdots, n$ 表示个体的维数，此处令 $N = 200$。

步骤二：设置微粒群的惯性权值 ω。为了提高微粒群的全局寻优能力，此处使惯性权值动态变化。惯性权值 ω 的变化规律为：

$$\omega = \omega_{max} - \frac{\omega_{max} - \omega_{min}}{k_{max}} \times k \quad (7.8)$$

式中，ω_{max} 为惯性初始权重，ω_{min} 为惯性最终权重，k_{max} 为微粒群算法的最大迭代次数，k 为微粒群算法当前的迭代次数。令 $\omega_{max} = 1.4$，$\omega_{min} = 0.8$，$k_{max} = 1000$。

步骤三：设置加速度常数 $c_1 = 1.8$，$c_2 = 1.8$。

步骤四：利用适应度函数（7.3）式评价微粒群个体的初始适应值，并以此设置个体历史最优 p_{id} 和全局最优历史最优 p_g。

$$p_g = \{\omega_l \mid F(\omega_l) = minF(\omega_L), i = 1, 2, \cdots, N\} \quad (7.9)$$

步骤五：利用微粒群算法进行迭代运算。

$$v_{ij}(k+1) = \omega v_{ij}(k) + c_1 \cdot rand_1 \cdot [p_{id} - \omega_{ij}(k)] + c_2 \cdot rand_2 \cdot [p_g - \omega_{ij}(k)]$$

$$\omega_{ij}(k+1) = \omega_{ij}(k) + v_{ij}(k+1) \quad (7.10)$$

在结束每次迭代运算后，利用适应度函数（7.6）式对微粒的适应值进行评价。将每个微粒当前适应值与和其历史最好适应值进行比较，如果当前适应值更优，则当前适应值为其个体历史最好适应值，并保存当前微粒为个体历史最好的。即

$$p_{id} = \begin{cases} p_{id} & \text{if } F(p_{id}) < F[\omega_i(k+1)] \\ F[\omega_i(k+1)] & \text{if } F(p_{id}) > F[\omega_i(k+1)] \end{cases}, \quad (7.11)$$

比较群体所有微粒的当前适应值和全局历史最好适应值，若某微粒

的当前适应值更优，则该微粒的当前适应值为全局历史最好适应值，并保存该微粒为全局历史最好的。即

$$p_g = \begin{cases} p_g & \text{if} \quad F(p_g) < \min F(p_{id}), \ i = 1, \ 2, \ \cdots, \ N \\ p_{id} \mid F(p_{id}) = \min F(p_{id}) & \text{if} \quad F(p_g) > \min F(p_{id}), \ i = 1, \ 2, \ \cdots, \ N \end{cases} \quad (7.12)$$

步骤六：若满足条件（迭代次数达到最大值 2000、$\sum_{ij}^{m} \omega_{ij} = 1$、适应值变化误差达到允许范围之内），则停止计算并输出计算结果；否则，转到（7.8）式继续计算。

根据以上步骤，可得各指标对应的权重。

7.2.2　基于联系度的改进 TOPSIS 法的综合评价模型

7.2.2.1　集对分析及联系度

集对分析的核心思想是对不确定性系统的两个有关联的集合构建集对，再对集对的特性做同一性、差异性、对立性分析，然后用联系度描述集对的同、异、反关系。设集合 $A_0 = \{x_{01}, \ x_{02}, \ \cdots, \ x_{0n}\}$，集合 $B_1 = \{x_{11}, \ x_{12}, \ \cdots, \ x_{1n}\}$，则由 A_0 和 B_1 组成集对 $H = (A_0, \ B_1)$。对比 A_0 和 B_1 的 n 个对应项，其中有 s 项在数量上相差微小，有 p 项在数量上相差悬殊，其余的 $f = n - s - p$ 项在数量上存在一定差别，但悬殊不是很明显。若相差微小则认为是同一，相差悬殊则认为是对立，存在一定差别则认为是差异，这样，由 A_0 和 B_1 组成的集对关系就转化为同、异、反的关系。集合 A_0 与 B_1 之间不确定的定量关系的联系度可表示为：

$$\mu(A_0 - B_1) = a + bi + cj = \frac{s}{N} + \frac{F}{N}i + \frac{P}{N}j \quad (7.13)$$

其中，$a + b + c = 1$。i 为差异标记符号或相应系数，在 $[-1, 1]$ 区间视不同情况取值；j 为对立标记符号或相应系数，其取值为 -1。

7.2.2.2　基于联系度的改进 TOPSIS 法的综合评价模型

设有 m 个地市 R_1，R_2，$\cdots$，R_m，n 个指标 X_1，X_2，$\cdots$，X_n；x_{ij} 为地区 R_i 在指标 X_j 下的指标值（$i=1$，2，$\cdots$，m；$j=1$，2，$\cdots$，n）；ω_j 为指标 X_j 的权重，$\omega_j \in [0，1]$，且 $\sum\limits_{j=1}^{n} \omega_j = 1$。基于联系度的改进 TOPSIS 法计算步骤如下[248]：

（1）由 $X = (x_{ij})_{m \times n}$ 和 ω_j 组成初始化决策矩阵。

（2）确定理想点 S^+ 与负理想点 S^-。

$$S^+ = \{ s_j^+ \,|\, j=1，2，\cdots，n \}，\quad S^- = \{ s_j^- \,|\, j=1，2，\cdots，n \}$$

$$(7.14)$$

当 X_j 为效益型指标时，有 $s_j^+ = \max\limits_{1 \leqslant i \leqslant m} \{x_{ij}\}$，$s_j^- = \min\limits_{1 \leqslant i \leqslant m} \{x_{ij}\}$；根据集对分析思想，可以认为理想点 S^+ 与负理想点 S^- 在系统中互为对立关系。

（3）计算城市 R_i 与理想点 S^+ 的联系度 u_k^+。

由城市 R_i 与理想点 S^+ 组成集对 $H^+ = (P_k，S^+)$，则有

$$u_k^+ = a_k^+ + b_k^+ i + c_k^+ j = \omega_1 u_{k1}^+ + \omega_2 u_{k2}^+ + \cdots + \omega_n u_{kn}^+ = \sum_{t=1}^{n} \omega_t u_{kt}^+$$

$$u_{kt}^+ = a_{kt}^+ + b_{kt}^+ i + c_{kt}^+ j，\quad k=1，2，\cdots，m；\ t=1，2，\cdots，n \quad (7.15)$$

其中，当 $x_{kt} = s_t^-$ 时，$a_{kt}^+ = b_{kt}^+ = 0$，$c_{kt}^+ = 1$；当 $x_{kt} \in (s_t^-，s_t^+]$ 时，$a_{kt}^+ = \dfrac{x_{kt}}{s_t^+}$，$b_{kt}^+ = 1 - a_{kt}^+$，$c_{kt}^+ = 0$。

（4）计算城市 R_i 与负理想点 S^- 的联系度 u_k^-。

由城市 R_i 与负理想点 S^- 组成集对 $H^- = (P_k，S^-)$，则有

$$u_k^- = a_k^- + b_k^- i + c_k^- j = \omega_1 u_{k1}^- + \omega_2 u_{k2}^- + \cdots + \omega_n u_{kn}^- = \sum_{t=1}^{n} \omega_t u_{kt}^-，$$

$$u_{kt}^- = a_{kt}^- + b_{kt}^- i + c_{kt}^- j，\quad k=1，2，\cdots，m；\ t=1，2，\cdots，n，\quad (7.16)$$

其中，当 $x_{kt} = s_t^+$ 时，$a_{kt}^- = b_{kt}^- = 0$，$c_{kt}^- = 1$；当 $x_{kt} \in (s_t^-，s_t^+]$，$s_t^- \neq 0$

时，$a_{kt}^- = \dfrac{s_t^-}{x_{kt}}$，$b_{kt}^- = 1 - a_{kt}^-$，$c_{kt}^- = 0$。

特别地，当 $s_t^- = 0$，$x_{kt} = 0$ 时，规定 $a_{kt}^- = 1$，$b_{kt}^- = c_{kt}^- = 0$。当 $s_t^- = 0$，$x_{kt} \neq 0$ 时，规定 $a_{kt}^- = \dfrac{s_t^+ - x_{kt}}{s_t^+}$，$b_{kt}^- = 1 - a_{kt}^-$，$c_{kt}^- = 0$。

（5）计算城市 R_i 与理想点 S^+ 的联系向量距离。

理想点 S^+ 的联系向量为 $\overrightarrow{u^+} = (1,\ 0,\ 0)$，地区 R_i 相应的联系向量为 $\overrightarrow{u_k^+} = (a_k^+,\ b_k^+,\ c_k^+)$，则 P_k 与 S^+ 的联系向量距离为

$$d_k^+ = \sqrt{(1 - a_k^+)^2 + (b_k^+)^2 + (c_k^+)^2} \qquad (7.17)$$

（6）计算城市 R_i 与负理想点 S^- 的联系向量距离。

负理想点 S^- 的联系向量为 $\overrightarrow{u^-} = (1,\ 0,\ 0)$，地区 R_i 相应的联系向量为，$\overrightarrow{u_k^-} = (a_k^-,\ b_k^-,\ c_k^-)$，则 P_k 与 S^- 的联系向量距离为

$$d_k^- = \sqrt{(1 - a_k^-)^2 + (b_k^-)^2 + (c_k^-)^2} \qquad (7.18)$$

（7）计算城市 R_i 与理想点 S^+ 的相对贴近度

$$c_k = \frac{d_k^-}{d_k^- + d_k^+},\ k = 1,\ 2,\ \cdots,\ m \qquad (7.19)$$

c_k 越大，城市 R_i 越接近于理想点，得分越高。

7.3　实证分析

7.3.1　样本数据的收集与处理

珠三角概念首次正式提出于 1994 年，是指由广州、深圳、珠海、佛山、江门、东莞、中山、惠州和肇庆 9 个地市组成的区域。由于《广东知识产权年鉴》（2014 年版）的相关统计指标与往年发生较大变化，因此，本章以 2012 年珠三角地区 9 个地市作为分析对

象。根据已经确定的珠三角地区制造业企业转型升级知识产权管理系统运行效果评价指标体系，收集珠三角地区9个地市的相关指标数据，其中，除R&D人员、R&D经费内部支出、新产品销售收入与新产品出口额等4个指标数据来源于《广东统计年鉴2013》，其他指标均来源于《广东知识产权年鉴》（2013年版），各指标原始数据见表7.2。

表7.2　　　　　　　　珠三角地区9个地市指标值的原始数据

地区	D_1	D_2	P_1	P_2	P_3	P_4	P_5	O_1	O_2	O_3	O_4	O_5	O_6
广州	64621	1582281	33387	21997	14	323	4	56	81	184	161	22184517	2143724
深圳	196202	4618655	73109	48861	22	8021	3	36	43	46	35	62076797	39983189
珠海	16409	312434	7097	4936	2	151	1	0	0	12	12	7346628	2219362
惠州	19055	435405	9894	4093	2	134	1	5	10	76	52	3593461	15469048
东莞	51386	748347	29199	20900	10	236	1	17	20	56	56	8385864	3466739
中山	34269	531454	18401	10878	10	84	1	229	148	7	7	6535058	1386357
江门	15684	277983	8166	5270	3	22	1	5	3	1	1	1053563	468265
佛山	71576	1468785	22604	17818	30	120	3	26	27	30	24	18510537	4118889
肇庆	10267	123820	1551	1173	0	14	1	1	0	2	1	1474536	244205

7.3.2　数据计算

7.3.2.1　指标层权重计算

根据评价指标体系的准则层，可以分别构建珠三角地区制造业企业转型升级知识产权开发管理子系统、保护子系统和运营管理子系统的判断矩阵，即 R_D、R_P、R_O。其中，R_D、R_P、R_O 的各列分别表示9个地市产业转型升级知识产权开发管理子系统、保护子系统、运营管理子系统每个具体指标的标准化值。运用公式（7.1）对各指标原始数据进行标准化处理后，得到的判断矩阵为：

$$R_D = \begin{bmatrix} 0.1348 & 0.4092 & 0.0342 & 0.0397 & 0.1072 & 0.0715 & 0.0327 & 0.1493 & 0.0214 \\ 0.1567 & 0.4573 & 0.0309 & 0.0431 & 0.0741 & 0.0526 & 0.0275 & 0.1454 & 0.0123 \end{bmatrix}$$

$$R_P = \begin{bmatrix} 0.1641 & 0.3594 & 0.0349 & 0.0486 & 0.1435 & 0.0905 & 0.0401 & 0.1111 & 0.0076 \\ 0.1618 & 0.3595 & 0.0363 & 0.0301 & 0.1538 & 0.0800 & 0.0388 & 0.1311 & 0.0086 \\ 0.1505 & 0.2366 & 0.0215 & 0.0215 & 0.1075 & 0.1075 & 0.0323 & 0.3226 & 0.0000 \\ 0.0355 & 0.8809 & 0.0166 & 0.0147 & 0.0259 & 0.0092 & 0.0024 & 0.0132 & 0.0015 \\ 0.2500 & 0.1875 & 0.0625 & 0.0625 & 0.0625 & 0.0625 & 0.0625 & 0.1875 & 0.0625 \end{bmatrix}$$

$$R_O = \begin{bmatrix} 0.1493 & 0.0960 & 0.0000 & 0.0133 & 0.0453 & 0.6107 & 0.0133 & 0.0693 & 0.0027 \\ 0.2440 & 0.1295 & 0.0000 & 0.0301 & 0.0602 & 0.4458 & 0.0090 & 0.0813 & 0.0000 \\ 0.4381 & 0.1095 & 0.0286 & 0.1810 & 0.1333 & 0.0167 & 0.0167 & 0.0714 & 0.0048 \\ 0.4587 & 0.0997 & 0.0342 & 0.1481 & 0.1595 & 0.0199 & 0.0085 & 0.0684 & 0.0028 \\ 0.1971 & 0.5514 & 0.0653 & 0.0025 & 0.0094 & 0.0745 & 0.0581 & 0.0287 & 0.0131 \\ 0.0420 & 0.7841 & 0.0435 & 0.0004 & 0.0092 & 0.0680 & 0.0272 & 0.0207 & 0.0048 \end{bmatrix}$$

根据上面的判断矩阵，基于微粒群优化算法的权重确定模型，运用软件 MATLAB7.1 编写程序求解出各指标层指标的权重，结果见表 7.3 第 2 行。

表 7.3　　　　珠三角地区制造业企业转型升级知识产权
管理系统运行效果的指标权重

指标层	D_1	D_2	P_1	P_2	P_3	P_4	P_5	O_1	O_2	O_3	O_4	O_5	O_6
权重	0.467	0.533	0.206	0.258	0.169	0.221	0.146	0.148	0.164	0.156	0.143	0.201	0.188
准则层	D		P					O					
权重	0.257		0.317					0.426					
指标层相对目标层	0.120	0.137	0.065	0.082	0.054	0.070	0.046	0.063	0.070	0.066	0.061	0.086	0.080

7.3.2.2　准则层综合评价

确定了评价指标体系指标层各指标的权重，就可以运用基于联系度的改进 TOPSIS 法的评价模型对珠三角地区 9 个地市的准则层（即产业转型升级知识产权开发管理子系统、保护管理子系统和运营管理子系统）进行评价。

（1）构造初始决策矩阵。

珠三角地区制造业企业转型升级知识产权管理系统运行效果的第一个准则层"知识产权开发管理子系统"下属的 2 个指标为：R&D 人员（D_1）、R&D 经费内部支出（D_2）。根据表 7.2 可知，其初始决策矩阵为：

$$Z_D = \begin{bmatrix} 64621 & 196202 & 16409 & 19055 & 51386 & 34269 & 15684 & 71576 & 10267 \\ 1582281 & 4618655 & 312434 & 435405 & 748347 & 531454 & 277983 & 1468785 & 123820 \end{bmatrix}$$

（2）确定理想点 S^+ 与负理想点 S^-。

评价指标均为效益型指标，由（7.14）式可得理想点 S^+ 和负理想点 S^-：

$$S^+ = \{196202 \quad 461865\}, \quad S^- = \{10267 \quad 123820\}。$$

（3）以"广州"为例，计算其准则层"知识产权开发管理子系统"与理想点 S_1^+ 的联系度 u_1^+，

$$u_1^+ = a_1^+ + b_1^+ i + c_1^+ j = \omega_{11} u_{11}^+ + \omega_{12} u_{12}^+$$
$$= \omega_{11}(a_{11}^+ + b_{11}^+ i + c_{11}^+ j) + \omega_{12}(a_{12}^+ + b_{12}^+ i + c_{12}^+ j)$$

其中，根据表 7.3，R&D 人员（D_1）、R&D 经费内部支出（D_2）这 2 个指标层指标的权重为 $\omega = (\omega_{11}, \omega_{12}) = (0.467, 0.533)$。

根据公式（7.15）的判别：

$a_{11}^+ = 0.3294$，$b_{11}^+ = 0.6706$，$c_{11}^+ = 0$，

$a_{12}^+ = 0.3426$，$b_{12}^+ = 0.6574$，$c_{12}^+ = 0$，

可得：$u_1^+ = 0.3364 + 0.6636i + 0j$，

则 $a_1^+ = 0.3364$，$b_1^+ = 0.6636$，$c_1^+ = 0$。

步骤（4）：以"广州"为例，计算其准则层"知识产权开发管理子系统"与理想点 S_1^- 的联系度 u_1^-。

$$u_1^- = a_1^- + b_1^- i + c_1^- j = \omega_{11} u_{11}^- + \omega_{12} u_{12}^- = \omega_{11}(a_{11}^- + b_{11}^- i + c_{11}^- j) + \omega_{12}(a_{12}^- + b_{12}^- i + c_{12}^- j)$$

根据公式（7.16）的判别：

$a_{11}^- = 0.1588$，$b_{11}^- = 0.8411$，$c_{11}^- = 0$，

$a_{12}^- = 0.0783$，$b_{12}^- = 0.9217$，$c_{12}^- = 0$，

可得：

$u_1^- = 0.1159 + 0.8841i + 0j$，

则 $a_1^- = 0.1159$，$b_1^- = 0.8841$，$c_1^- = 0$。

步骤（5）：计算"广州"的准则层"知识产权开发管理子系统"与理想点 S_1^+ 相对贴进度，由（7.17）~（7.19）式得计算结果，如表7.4所示。同理，可得其他8个地市的准则层"知识产权开发管理子系统"与理想点 S_1^+ 的相对贴近度，见表7.4第2列。

另外，9个地市的其余2个准则层（产业转型升级知识产权保护管理子系统与运营管理子系统）与其理想点的相对贴近度，按照以上步骤（1）~（5）求解，见表7.4第4和第6列。

表7.4 珠三角地区制造业企业转型升级知识产权管理系统运行效果评价结果

项目 地区	知识产权开发 管理子系统		知识产权保护 管理子系统		知识产权运营 管理子系统		知识产权 管理系统	
	数值	排序	数值	排序	数值	排序	数值	排序
广州	0.5713	3	0.5978	2	0.6424	1	0.7559	2
深圳	1.0000	1	0.9093	1	0.5796	2	0.9543	1
珠海	0.3493	7	0.3943	6	0.4140	7	0.5671	7
惠州	0.3975	6	0.3940	7	0.4509	5	0.5903	6
东莞	0.5072	4	0.5070	4	0.4457	6	0.6383	5
中山	0.4620	5	0.4614	5	0.5366	3	0.6591	4
江门	0.3293	8	0.3487	8	0.3252	8	0.5219	8
佛山	0.5736	2	0.5949	3	0.4552	4	0.6944	3
肇庆	0.0000	9	0.0000	9	0.0007	9	0.0000	9

7.3.2.3　目标层综合评价

"珠三角地区制造业企业转型升级知识产权管理系统运行效果"是本章评价的目标层，其中，产业转型升级知识产权开发管理子系统、保护管理子系统与运营管理子系统是这一目标层隶属的三个准则层指标。根据评价指标体系的隶属关系，目标层综合评价是以准则层综合评价的结果作为初始决策矩阵。由表 7.4 可知，目标层的初始决策矩阵为：

$$Z = \begin{bmatrix} 0.5713 & 1.0000 & 0.3493 & 0.3975 & 0.5072 & 0.4620 & 0.3293 & 0.5736 & 0 \\ 0.5978 & 0.9093 & 0.3943 & 0.3940 & 0.5070 & 0.4614 & 0.3487 & 0.5949 & 0 \\ 0.6424 & 0.5796 & 0.4140 & 0.4509 & 0.4457 & 0.5366 & 0.3252 & 0.4552 & 0.0007 \end{bmatrix}$$

基于上面的判断矩阵，基于微粒群优化算法的权重确定模型，运用软件 MATLAB7.1 编写程序进行求解，得出准则层指标（准则层相对目标层）的权重，结果见表 7.3 第 4 行。根据指标体系的三级递阶结构，可以计算出指标层具体指标相对于目标层的指标权重，见表 7.3 第 6 行。

运用基于联系度的改进 TOPSIS 法的评价模型，同理，按照以上步骤 (1)～(5) 求解，得出珠三角地区 9 个地市"珠三角地区制造业企业转型升级知识产权管理系统运行效果"相对贴近度，见表 7.4 第 8 列。

7.3.3　结果分析

7.3.3.1　指标权重结果分析

图 7.2 为 13 个具体评价指标的权重值。根据表 7.3 和图 7.2，29 个评价指标中，权重值大小排名前四的分别是 R&D 人员（D_1）、R&D 经费内部支出（D_2）、新产品销售收入（O_5）、专利授权数（P_2），分别为 0.137、0.137、0.086、0.082，表明对于珠三角地区制造业企业转型升级知识产权管理系统运行效果而言，R&D 人员、R&D 经费内部支出、新产品销售收入与专利授权数是影响其运行效果的关键指标。对于

珠三角地区制造业企业转型升级知识产权开发管理子系统而言，R&D经费内部支出是权重值最大的指标，这表明 R&D 经费内部支出是影响珠三角地区制造业企业转型升级开发管理子系统运行效果的关键指标。对于珠三角地区制造业企业转型升级知识产权保护管理子系统来说，专利授权数和新增驰名商标是决定其运行效果的最重要两个指标；对于珠三角地区制造业企业转型升级知识产权运营管理子系统来说，新产品销售收入和新产品出口额是决定其运行效果最重要的两个指标。

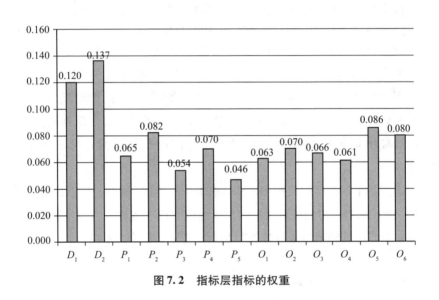

图 7.2　指标层指标的权重

　　珠三角地区专利技术实施计划项目数（P_5）、PCT 国际专利申请（P_3）、查处假冒专利结案数（O_4），这 3 个指标权重数值是 13 个指标中最小的，权重分别为 0.046、0.054、0.061，表明对于珠三角各所属城市而言，在当前的制造业企业转型升级知识产权管理系统运行效果提升实践中，重点不应局限在这些方面。

　　图 7.3 为珠三角地区制造业企业转型升级知识产权管理系统运行效果的三个准则层的权重大小。知识产权开发管理子系统、保护管理子系统与运营管理子系统作为构成珠三角地区制造业企业转型升级知识产权

管理系统的三个组成部分，每个子系统运行效果对系统整体运行效果的重要程度不是均等的，由三个准则层要素的权重可知，三个准则层的重要性依次为：知识产权运营管理子系统（权重为 0.4259）、知识产权保护管理子系统（权重为 0.3173）与知识产权开发管理子系统（权重为 0.2568）。由此可知，珠三角地区在提升其制造业企业转型升级知识产权管理系统运行效果的实践中，必须充分考虑 3 个组成子系统运行效果对目标层的相对重要性，结合地区内部实际和外部条件，重点关注知识产权运营管理子系统运行效果的发挥，实现有的放矢，快速高效地突破。

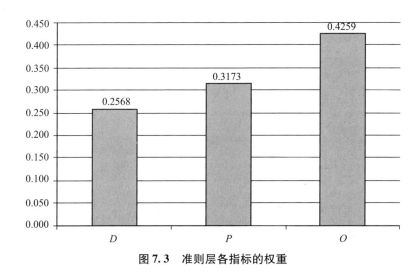

图 7.3　准则层各指标的权重

7.3.3.2　综合评价结果分析

（1）准则层综合评价结果分析。

由图 7.4 所示，整体而言，珠三角地区 9 个地市在其制造业企业转型升级知识产权管理系统的开发管理子系统、保护管理子系统与运营管理子系统等方面存在一定的差异。

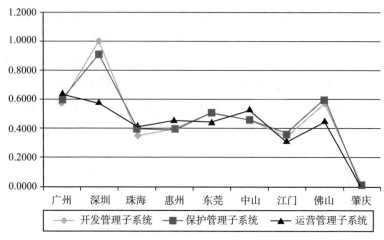

图 7.4　各准则层因素得分比较

①按照珠三角地区制造业企业转型升级知识产权管理系统的具体构成子系统来看，由表 7.4 和图 7.4 可知，深圳、佛山和广州在知识产权开发管理子系统运行效果方面是珠三角地区的前 3 名。广州、深圳和佛山在经济与科技发展方面处于地区领先地位，其知识产权开发的资源投入力度（包括 R&D 人员、R&D 经费内部支出）位居整个珠三角地区前列。而珠海、江门和肇庆则处于地区科技与经济发展的末端，其知识产权开发的资源投入力度处于劣势。这说明知识产权开发管理子系统的运行水平主要取决于科技投入特别是属于科技创新中核心资源的研发资源的投入。因此，为提高知识产权开发管理子系统的运行效果，各地方政府应该注重提高关于制造业企业 R&D 经费支出的比例和更多地推行对于知识产权开发投入的引导政策。

深圳、广州和佛山在知识产权保护管理子系统运行方面是珠三角地区的前 3 名。深圳、广州和佛山知识产权保护管理子系统运行效果的突出表现，主要是因为这 3 个地市在经济、科技发展方面处于地区领先地位，对于知识产权的立法、维权、申请法律保护等方面有较高的水平，比如专利发明效率、发明专利数量、商标注册数等。

广州、深圳和中山在知识产权运营管理子系统运行方面是珠三角地区的前3名。对于广州、深圳的知识产权运营管理子系统运行效果的突出表现，是因为这两个地市具有领先的市场经济环境和良好的鼓励、重视科技创新的外部环境，它们在将知识产权成果转化为经济效益方面非常具有优势。而对于中山来言，其运营管理子系统运行效果突出主要表现在专利纠纷案件受理数、查处假冒专利立案数等指标，这反映出中山在处理知识产权运营过程中的所发生的侵权行为中，具有良好的执法行动能力。

②珠三角地区制造业企业转型升级知识产权管理系统是由知识产权开发管理子系统、保护管理子系统和运营管理子系统3部分构成。下面将根据珠三角地区制造业企业转型升级知识产权管理系统的3个组成子系统的得分及排名情况，可以评判其各构成子系统的发展均衡情况。

通过分析珠三角地区9个地市的3个组成子系统的得分及相对排名，江门和肇庆这2个地市3个构成子系统的得分及相对排名比较接近，3个子系统发展呈现出极强的匹配性，并且在地区中的排名分别为第8和第9，在地区中的位置相当固定。当然，需要指出的是，这2个地市的知识产权管理系统处于一种低水平的协调匹配状态。

其他7个地市的各个组成部分运行效果呈现出一定的不匹配性。其中，广州、中山、惠州这3个地市表现：相比较而言，较为突出的知识产权运营管理子系统运行效果是决定其制造业企业转型升级知识产权管理系统整体运行效果的关键因素，但是较弱的知识产权开发与保护子系统运行效果共同制约了其制造业企业转型升级知识产权管理系统整体的运行效果。如中山，其运营管理子系统的运行效果得分排名第3，而知识产权开发管理与保护管理子系统的运行效果均排名第5，导致最终中山的制造业企业转型升级知识产权管理系统整体运行效果排名第4。深圳、东莞、佛山这3个地市表现：与其他两个子系统的运行效果相比，较差的知识产权运营管理子系统运行效果制约了其制造业企业转型升级知识产权管理系统整体的运行效果。如东莞，其知识产权开发管理与保护管理子系统的运行效果得分为排名都为第4，而其运营管理子系统的运行效果得分排名第6，导致最终东莞的制造业企业转型升级知识产管理系统的整体运行效果得分排名第 5。珠海表现为：相比较而言，更为糟糕的知识产权开发管理与运营管理子系统运行效果制约了知识产权管理系统整体运行效果的提升，其保护管理子系统运行效果得分的排名第 6，而知识产权开发管理与运营管理子系统的运行效果得分排名都第 7，导致最终珠海的制造业企业转型升级知识产权管理系统的整体运行效果得分排名第 7。对于处于不协调的 7 个地市，应该做好综合协调工作，统筹管理，全面推进其制造业企业转型升级知识产权管理系统各子系统的协调发展。

（2）目标层综合评价结果分析。

根据表 7.4 和图 7.5 的评价结果可知，珠三角地区制造业企业转型升级知识产权管理系统运行效果的排名依次是：深圳、广州、佛山、中山、东莞、惠州、珠海、江门、肇庆。而根据《珠三角地区统计年鉴 2013》可知，2012 年珠三角地区 9 个地市的 GDP 排名依次为：广州（13551 亿元）、深圳（12950 亿元）、佛山（6613 亿元）、东莞（5010 亿元）、中山（2441 亿元）、惠州（2384 亿元）、江门（1904 亿元）、珠海（1504 亿元）、肇庆（1454 亿元）。由此可知，只有佛山、惠州和肇庆 3 个地市的制造业企业转型升级知识产权管理系统运行效果的排序与 GDP 的排序是一致的，这表明珠三角地区各城市制造业企业转型升级知识产权管理系统运行效果与各城市的经济发展情况存在一定的联系，但二者并没有绝对的正比关系，例如，深圳和中山的知识产权管理系统运行效果表现就比较优异，其系统运行效果排名要明显高于经济排名。深圳作为首个国家创新型城市和首批国家知识产权示范城市，在知识产权创造开发、保护与和运营等方面走在全国前列。据《深圳市 2014 年知识产权发展状况白皮书》显示，深圳 PCT 国际专利申请量首次突破 1 万件，连续 10 年居全国各大中城市首位，占国内申请总量的 48.1%。

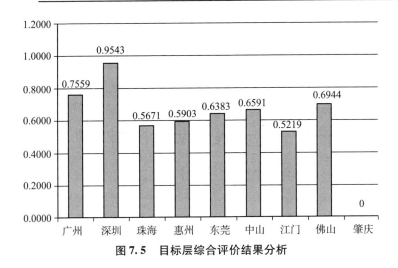

图 7.5　目标层综合评价结果分析

7.4　本 章 小 结

　　本章主要对珠三角地区制造业企业转型升级知识产权管理系统的运行效果进行实证分析。首先，构建了珠三角地区制造业企业转型升级知识产权管理系统运行效果评价体系，包括评价指标体系设计的原则、评价指标体系的确定及具体指标的内涵；其次，构建基于微粒群算法定权的改进 TOPSIS 法的珠三角地区制造业企业转型升级知识产权管理系统运行效果评价模型；最后，以珠三角地区 9 个地市为研究对象，对珠三角地区制造业企业转型升级知识产权管理系统运行效果进行评价，探析珠三角地区制造业企业转型升级知识产权管理系统运行现状与亟待改善的主要因素。

第 8 章

知识产权管理对珠三角地区制造业企业
转型升级影响的实证研究

中国劳动力成本低，原材料丰富。因此，如纺织、服装、玩具、皮革、家具等劳动密集型制造业一直是中国制造业的优势所在。近年来中国劳动力市场正面临着人口老龄化、劳动人口占比见顶回落、工资趋势性上涨的新形势，中国制造业的传统优势不复存在。特别是金融危机以来，人民币升值、国内生产成本上升、发达国家的再"工业化"及世界需求大幅萎缩等一系列国内外经济形势变化，使得中国制造业在国际分工中的传统比较优势逐渐丧失，利润空间日益缩小[249]。产生这种局面的根源在于中国制造业"高投入、高消耗、高污染、低收益"的发展模式，导致其存在产业结构不合理、产品附加值低及创新能力弱的"先天不足"，造成中国制造业长期处于国际产业链的底端。中国制造业产业结构升级与经济发展方式转型迫在眉睫。

随着全国性的"民工荒"以及人口红利的逐渐消失，劳动力不再廉价，国际出口的不景气，使作为中国制造业传统优势集聚区的珠三角地区压力重重。珠三角地区正处于制造业产业（结构）转型升级的关键时期。如何走出一条科学的产业转型升级之路，是珠三角地区各级政府与企业共同面临的困境，也是其在可持续发展过程中亟待解决的问题。

依靠技术创新推动中国制造业产业结构升级已成为学界与业界的共识。全球已经进入知识经济时代，知识利用产业化知识形成产业化经济，知识成为社会财富的创造工具，而这一切都离不开知识产权制度作为基本保障。知识产权管理已经渗透和融入关键核心技术突破、创新链延伸、产业链跃升、价值链提升、产品结构优化、技术结构升级等产业（企业）转型升级的主要环节和过程。实现制造业产业结构升级，必须由主要依靠物质资源消耗转化为依靠知识驱动、依靠创新驱动、依靠知识产权管理。知识产权管理作为强有力的法律手段和政策工具，是保障创新驱动产业升级的重要条件。因此，本章从知识产权管理的角度，研究技术创新推动下的制造业产业结构升级问题。

尽管已有研究考察了技术创新对产业升级的影响或者知识产权管理（主要是基于知识产权保护的角度）对产业升级的作用，然而鲜有研究将这三者结合起来考虑。实际上，在技术创新对于产业升级是否具有促进作用的这一问题上，知识产权管理至关重要。因此，孤立地研究技术创新对产业升级的影响是不完整的，而应将知识产权管理、技术创新与产业升级纳入同一框架下来系统分析。本章从系统的角度研究知识产权管理、技术创新与产业升级三者之间的关系，运用 2004～2013 年广东省 21 个地市（具体细分为珠三角地区、东翼地区、西翼地区、粤北山区四大区域板块）的工业面板数据，考察知识产权管理、技术创新绩效对我国制造业产业升级的影响。

8.1 模型构建与变量说明

8.1.1 模型设定

为了检验知识产权管理、技术创新对制造业产业升级的影响关系，本章建立计量模型（8.1），分别对广东省整体及珠三角地区、东翼地区、西翼地区与粤北山区工业分样本进行检验。

$$\text{Ln}IU_{it} = \alpha_0 + \alpha_1 \text{Ln}IPM_{it} + \alpha_2 \text{Ln}TI_{it} + \alpha_3 \text{Ln}IPM_{it} \times \text{Ln}TI_{it} + \omega_{it} \quad (8.1)$$

式中，IU 表示制造业产业升级；IPM 表示知识产权管理（用区域知识产权管理绩效来衡量）；TI 表示制造业技术创新绩效（用技术创新全要素生产率（TFP）衡量）。知识产权管理可以通过影响技术创新绩效影响产业升级，这意味着知识产权管理不仅具有直接效应，还具有间接效应。为此，引入了知识产权管理与技术创新绩效的交叉项，来反映自变量之间的内在互动机制。其中，制造业产业升级（IU）是因变量，知识产权管理（IPM）、技术创新（TI）为自变量。

8.1.2　因变量的测算

产业升级（IU）为因变量。制造业产业升级是实现产业由低附加值、低技术水平的状态向高附加值、高技术水平的状态演变过程。制造业产业升级具体表现为两个方面：一是以原材料为重心的发展转向以加工组装工业为重心的发展，不断延续加工过程，拉长产业链，促使产业发展减少对原材料的依赖，其附加值主要来自于对原材料进行的不断精细加工和灵巧组装；二是制造业内部分工不断细化和深化会产生一种内在的动力，推动制造业内部附加值较低的生产加工环节向附加值较高的生产性服务环节的演变。

借鉴学者余姗，樊秀峰[250]（2014）和倪敬娥[251]（2013）的研究，采用美国管理学家彼得·德鲁克提出的贡献价值来定义附加值，即企业生产的产品或提供的服务所得之总额与由外部买进的原材料或服务的采购额之间的差值。考虑到数据的可获得性，采用各市工业企业当年利税总额占整个广东省当年工业利税总额的比重来表示该变量。

8.1.3　自变量的测算

8.1.3.1　知识产权管理

知识产权管理是知识产权沿着智能创造自身的发展纵向发展的全过

程，这个过程一般包括知识产权开发管理（智能创造产生）、知识产权保护管理（智能创造保护和规范化）和知识产权运营管理（智能创造的商业化、扩散、侵权等）三个阶段[228]。开发管理阶段是珠三角地区各知识产权参与主体进行知识成果研究与开发的过程，是知识产权管理活动的开端，涉及区域知识产权从资源投入、转换到知识产权产出的全过程，涵盖了资源投入与配置、激励机制设计等内容。保护管理阶段由珠三角地区内知识产权申请、知识产权授权、知识产权维权等活动集合而成，即智能创造得到法律认可和规范化阶段；该子系统需要同外界环境接触进行物质和信息的交流，有针对性地实施不同的知识产权保护策略和协作方式。运营管理阶段是珠三角地区内知识产权交易、知识产权价值的市场价值实现过程，即智能创造的市场推广与价值实现的过程，同时保证知识产权运营过程中的知识产权侵权行为的发生；该子系统对整体系统运行效果发挥至关重要，利用自身的知识产权成果产生市场效益是其主要职责。

　　理论上应该采用第7章珠三角地区制造业企业转型升级知识产权管理系统运行效果作为知识产权管理这一自变量的衡量指标，但是由于本章要采用面板数据（2004～2013年），由于2013年之前《广东知识产权年鉴》的相关指标缺失较多，且实证对象从珠三角地区扩展到整个广东省全省范围，考虑数据的可获得性，本章对广东省制造业企业转型升级知识产权管理系统运行效果评价指标体系进行微调，如表8.1所示。

表8.1　　　　　　　　知识产权管理绩效的评价指标体系

目标层	准则层	指标层
区域知识产权管理绩效	开发管理	R&D人员（Z_1）
		R&D经费内部支出（Z_2）
	保护管理	专利申请数（Z_3）
		专利授权数（Z_4）
		PCT国际专利申请（Z_5）

目标层	准则层	指标层
区域知识产权管理绩效	运营管理	专利纠纷案件受理数（Z_6）
		纠纷案件结案数（Z_7）
		查处假冒专利立案数（Z_8）
		查处假冒专利结案数（Z_9）
		新产品销售收入（Z_{10}）
		新产品出口额（Z_{11}）

同理，运用基于微粒群算法的评价模型对知识产权管理绩效进行度量，具体模型见第 7 章。

8.1.3.2　技术创新绩效

技术创新过程本质上也是一个完整的生产系统，技术创新绩效应该完整涵盖技术创新全要素生产率、技术创新技术进步、技术创新技术效率。本章采用 Malmquist 指数分析法来测算广东省制造业技术创新全要素生产率指数（TFP）及其分解的技术进步指数（TC）、技术效率变化指数（TEC），用制造业技术创新全要素生产率指数作为技术创新绩效（TI）的代理变量。

（1）模型与方法。

数据包络分析法（Data Envelopment Analysis）是根据相关决策单元 DMU（Decision Making Unit）投入和产出的面板数据，通过一系列的线形规划构建一个生产可能性边界，以此计算全要素生产率、技术进步、技术效率和规模效率的变化。一般来说，随着时间的推移，生产要素的配置效率水平会发生变化，而同时技术水平也会发生变化，生产要素的配置效率与技术水平的综合变化即为全要素生产率（TFP）的增长，其中以各个投入和产出与生产可能性边界的距离测算技术效率，以生产可能性边界的移动来度量技术进步。

Fare 等人（1994）构建的基于 DEA 模型的 Malmquist 指数分析法是

在运用面板数据的基础上，计算出全要素生产率指数（MALMQUIST-TFP）[252]，即：

$$M_0(Y_{t+1},\ X_{t+1},\ Y_t,\ X_t) = \left[\frac{d_0^t(X_{t+1},\ Y_{t+1})}{d_0^t(X_t,\ Y_t)} \times \frac{d_0^{t+1}(X_{t+1},\ Y_{t+1})}{d_0^{t+1}(X_t,\ Y_t)}\right]^{1/2}$$

(8.1)

其中（X_{t+1}，Y_{t+1}）和（X_t，Y_t）分别表示 $t+1$ 和 t 时期的投入和产出向量，$d_0^t(X_{t+1}$，$Y_{t+1})$ 表示以 t 时期的生产可能性边界为标准的 $t+1$ 的距离函数，$d_0^{t+1}(X_t$，$Y_t)$ 表示以 $t+1$ 时期的生产可能性边界为标准的 t 的距离函数。

Fare 等人（1994）进一步指出如果全要素生产率指数大于 1，则表明从 t 到 $t+1$ 时期的全要素生产率的增长率为正，全要素生产率指数可以分解为技术效率变化（Technical Efficiency Change）和技术变化（Technical Change），即：

$$M_0(Y_{t+1},\ X_{t+1},\ Y_t,\ X_t) = \frac{d_0^{t+1}(X_{t+1},\ Y_{t+1})}{d_0^t(X_t,\ Y_t)}$$
$$\left[\frac{d_0^t(X_{t+1},\ Y_{t+1})}{d_0^{t+1}(X_{t+1},\ Y_{t+1})} \times \frac{d_0^t(X_t,\ Y_t)}{d_0^{t+1}(X_t,\ Y_t)}\right]^{1/2}$$

(8.2)

其中 $\frac{d_0^{t+1}(X_{t+1},\ Y_{t+1})}{d_0^t(X_t,\ Y_t)}$ 为技术效率变化指数（TEC），是指由于制度变革所引起的效率提高的结果，一般指现有的资源要素是否得到充分使用，资源配置是否最优。

而 $\frac{d_0^t(X_{t+1},\ Y_{t+1})}{d_0^{t+1}(X_{t+1},\ Y_{t+1})} \times \frac{d_0^t(X_t,\ Y_t)}{d_0^{t+1}(X_t,\ Y_t)}$ 为技术进步指数（TC），是指创新或引进新技术的结果，一般引起生产可能性边界的外移。

当将规模报酬不变（CRS）的约束解除后，建立在可变规模报酬（VRS）基础上的 TEC 指数则可以进一步分解为规模效率指数（SE）和纯技术效率指数（PC），即：

$$\frac{d_0^{t+1}(X_{t+1},\ Y_{t+1})}{d_0^t(X_t,\ Y_t)} = \frac{d_0^{t+1}(X_{t+1},\ Y_{t+1}/v)}{d_0^t(X_t,\ Y_t/v)} \times \frac{S_0^{t+1}(X_{t+1},\ Y_{t+1})}{S_0^t(X_t,\ Y_t)}$$ (8.3)

其中 $\dfrac{d_0^{t+1}(X_{t+1},\ Y_{t+1}/v)}{d_0^t(X_t,\ Y_t/v)}$ 为纯技术效率指数（PC），$\dfrac{S_0^{t+1}(X_{t+1},\ Y_{t+1})}{S_0^t(X_t,\ Y_t)}$ 为规模效率指数（SE）。

由此可见：

$$M_0(Y_{t+1},\ X_{t+1},\ Y_t,\ X_t) = TFP = TC \times PC \times SE \qquad (8.4)$$

该指数具有良好的性质，它可以分为不变规模报酬假定下技术效率变化（TEC）和技术进步指数（TC）。技术效率（TEC）可以进一步分解为纯技术效率变化指数（PC）和规模变化指数（SE）。当技术效率（TEC）>1，表示技术效率上升，反之为技术效率衰退；当技术进步指数（TC）表示技术进步，反之为技术衰退。

（2）指标选取。

运用 Malmquist 生产率指数来测算制造业技术创新绩效，需要选取两大类指标：制造业技术创新投入和产出指标。

对于制造业技术创新投入指标，主要关注基础性核心资源要素。R&D 人员全时当量（T_1）和 R&D 经费内部支出（T_2）是两个常用的核心指标，本章用这两个核心指标分别代表制造业技术创新活动中的人力和财力投入。确定制造业技术创新活动的产出指标，必须考虑技术创新活动的知识生产和产品生产这两个连续过程，与这两个过程相对应的就是直接产出和最终产出[253]。专利作为技术创新活动的直接产出，是创新知识生产成果的主要表现形式。专利包括专利申请数和专利授权数两个指标，由于专利授权数受到政府专利机构等人为因素的影响，有较大的不确定性，因而专利申请数更能客观反映一个行业原始创新能力与科技综合实力。因此，选用专利申请数（T_3）作为技术创新直接产出的一项衡量指标。但是，专利并不能全面反映出创新成果的经济价值和商业化水平[254]。因此，有必要采用一个基于市场效益的指标——新产品销售收入（T_4）作为技术创新过程的新产品模型（包括理论模型）的产出，用以衡量技术创新带来的经济效益。同时，选取新产品出口额（T_5）作为衡量技术创新产出的一个补充指标[255]。

8.1.4　数据来源和处理

为了能更好研究知识产权管理对珠三角地区制造业企业产业升级的影响，本章选取的研究对象从珠三角地区 9 个地市扩展到广东省 21 个地级以上城市，以便更好地进行对比。根据研究需要，按经济发展程度和地理位置将广东省 21 个地市划分为 4 个区域板块：珠三角地区（包括广州、深圳、珠海、佛山、江门、东莞、中山、惠州和肇庆），东翼地区（包括汕头、揭阳、汕尾和潮州），西翼地区（包括湛江、茂名和阳江），粤北山区（包括韶关、清远、河源、梅州和云浮）[227]。

本章以 2004～2013 年广东省 21 个地市为样本。相关指标所使用的原始数据来自于 2005～2014 年的《广东统计年鉴》《广东省科技统计年鉴》和《广东知识产权年鉴》。其中，对于个别指标数据缺失的情况，使用前一年和后一年的平均值来代替。另外，鉴于 2010 年以后的《广东统计年鉴》有关工业创新投入指标与产出的统计口径从"大中型工业企业"变为"规模以上企业"。因此，本章将 2004～2013 年划分为 2004～2008 年与 2009～2013 年两个考查区间。技术创新绩效测度的各指标原始数据见附录 A 表 1～表 10；知识产权管理绩效评价的各指标原始数据见附录 B 表 11～表 20；产业升级衡量指标原始数据见附录 C 表 21。

8.2　实证结果及分析

8.2.1　技术创新绩效的测算结果

8.2.1.1　制造业技术创新绩效的总体变化特征

表 8.2 列出了 2004～2008 年的广东省制造业技术创新绩效的变化

指数、技术进步指数、技术效率变化指数、纯技术效率变化指数及规模效率变化指数。

表8.2　2004～2008年广东省制造业技术创新绩效的变化指数及其分解

年份	全要素生产率指数（TFP）	技术进步指数（TC）	技术效率变化指数（TEC）	纯技术效率变化指数（PC）	规模效率变化指数（SE）
2004～2005	0.971	0.831	1.168	1.252	0.933
2005～2006	1.064	0.983	1.082	0.986	1.098
2006～2007	0.924	0.950	0.973	0.980	0.993
2007～2008	1.563	1.249	1.251	1.112	1.126
均值	1.105	0.992	1.114	1.077	1.034

　　总体来看，广东省制造业在2004～2008年技术创新绩效的动态变化平均值为1.105，这表示2008年较2004年广东省制造业整体的技术创新绩效年均改善上升10.5%。从制造业整体技术创新绩效变动的结构看，4年间广东省制造业技术创新绩效的改善主要来自于技术效率的改善，它在2004～2008年动态变化平均值为1.114，改善上升了11.4%；其中，规模效率动态平均上升了3.4%，纯技术效率变化动态平均值上升7.7%；而技术进步的动态变化平均值为0.992，下降0.8%。

　　表8.3列出了2009～2013年的广东省制造业技术创新绩效的变化指数、技术进步指数、技术效率变化指数、纯技术效率变化指数及规模效率变化指数。

表8.3　2009～2013年广东省制造业技术创新绩效的变化指数及其分解

年份	全要素生产率指数（TFP）	技术进步指数（TC）	技术效率变化指数（TEC）	纯技术效率变化指数（PC）	规模效率变化指数（SE）
2009～2010	0.889	1.081	0.823	0.828	0.994
2010～2011	0.961	0.926	1.037	1.043	0.994
2011～2012	0.840	0.622	1.350	1.159	1.165

年份	全要素生产率指数（TFP）	技术进步指数（TC）	技术效率变化指数（TEC）	纯技术效率变化指数（PC）	规模效率变化指数（SE）
2012～2013	0.998	1.037	0.962	1.101	0.874
均值	0.920	0.897	1.026	1.025	1.001

总体来看，广东省制造业在 2009～2013 年技术创新绩效的动态变化平均值为 0.920，这表示 2013 年较 2009 年广东省制造业整体的技术创新绩效年均下降 8.0%。从制造业整体技术创新绩效变动的结构看，2009～2013 年广东省制造业技术创新绩效的恶化主要来自于技术进步的恶化，它在 2009～2013 年动态变化平均值为 0.897，年均下降了 10.3%；而 2009～2013 年广东省制造业技术创新的技术效率获得了一定的改善，年均改善 2.6%；其中规模效率平均上升了 0.1%，纯技术效率平均上升 2.5%。

综上所述，在 2004～2008 年和 2009～2013 年，广东省制造业技术创新的技术效率一直保持着上升趋势，而技术进步一直维持着恶化的局面。不同的是，2004～2008 年，广东省制造业技术创新的技术效率改善程度超过了技术进步下降的程度，而 2009～2013 年，广东省制造业技术创新的技术效率改善程度小于技术退步的程度，导致广东省制造业技术创新绩效在 2004～2008 年呈现改善局面，而在 2009～2013 年出现了下降。

考察期内，广东省制造业技术创新的技术效率获得改善，其主要源于制造业企业管理体制的改革特别是企业产权制度的完善和市场竞争程度的加剧。进入 21 世纪以来，随着近年来国有企业产权改革的逐步深化、市场经济体制的逐步确立，企业产权结构更为明晰，广东省逐步形成了国有企业、民营企业与外资企业"三足鼎立"的协调发展局面，市场竞争趋向有序。明晰的产权结构促使企业更加积极主动去开展创新活动，并且创新活动的开展更加注重科学与实效，这样创新资源（包括创新的人、财、物）在创新过程中能够得到更为合理地配置。所以技术创新过程中技术效率的提高是产权改革深化和市场竞争加剧的必然结果。

技术进步，即前沿面的向外移动，其经济含义是在不增加投入要素的条件下，仅仅由于技术进步而增加的产出，主要表现在使用先进的技术与工艺、制度变革以及通过新创造和新发明所推动的前沿面的外移等（涂正革和肖耿，2005）[256]。考察期内，广东省制造业技术创新过程中技术进步呈现下降的趋势，主要源于制造业技术创新过程有不同于一般产品生产的特性，具体表现为：（1）在创新的早期阶段，由于产品种类较少，一定的创新投入就能获得较大的创新产出。但随着新产品数量的不断增加，在基础科学没有取得突破性进展的情况下，创新难度将不断增加、创新空间将逐渐减小，这时需要更多的创新投入才能获得与原来相同的创新产出，从而导致知识生产前沿的下移，也就是技术创新过程中出现技术进步下降。（2）从创新投入的角度来看，由于新知识对旧知识的取代以及知识的迅速扩散所造成的知识专用性的下降，相对于一般物质资本投入，创新投入的折旧率更高。（3）创新活动最大的特性在于高风险性，创新投入不一定转化为相应的创新产出，因而，要得到与原来相同的创新产出需要更多的创新投入[257]。

8.2.1.2　年度平均变化规律

总的来看，2004～2008年技术创新绩效的变化指数（TFP）呈现两个上升高峰和一个下降波谷的特征。第一高峰呈现在2005～2006年，第二高峰在2007～2008年，且从改善程度上看，第二高峰期间的技术创新绩效的变化指数最高（$TFP = 1.563$）。一个下降波谷出现在2006～2007年（$TFP = 0.924$）。按照年度的变化动态平均值结果画出图8.1，可直观展示出2004～2008年广东省制造业技术创新绩效变化的路径及其主要来源。

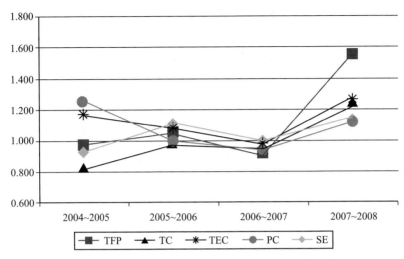

图 8.1 2004～2008 年广东省制造业技术创新绩效变化的结构变动

具体分析 2004～2008 年各年度的技术创新绩效的变化及来源可知：

（1）2004～2005 年，广东省制造业技术创新绩效的变化指数为 0.971，下降 2.9%，引起这一时期技术创新绩效下降的根本原因在于技术退步（下降幅度为 16.9%），该时期技术效率的提高"减缓"了技术退步对技术创新绩效产生的不利影响，技术效率增长幅度为 16.8%。

（2）2005～2006 年，广东省制造业技术创新绩效实现了 6.4% 的提升，实现这一改善的根本原因在于技术效率实现了 8.2% 的增长，通过对技术效率变化指数的分解可知，规模效率提高了 9.8%，而纯技术效率下降了 1.4%；另外，这一时期，技术退步（下降幅度为 1.7%）对技术创新绩效的改善产生了一定的"拖累"。

（3）2006～2007 年，广东省制造业技术创新绩效的变化幅度为 0.924，下降 7.6%，产生这一现象的根本原因是技术退步与技术效率下降的共同结果。其中，技术效率下降幅度为 2.7%，技术退步幅度为 5.0%。

（4）2007～2008 年，广东省制造业技术创新绩效实现了 56.3% 的提升，实现这一改善的根本原因在于技术效率提高与技术进步的共同作用。其中，技术进步幅度为 24.9%；技术效率提高幅度为 25.1%，其中，纯技术效率和规模效率分别为之贡献了 11.2% 和 12.6%。

总的来看，2009~2013 年技术创新绩效的变化指数（TFP）呈现两个上升高峰和一个下降波谷的特征。第一高峰呈现在 2010~2011 年，第二高峰在 2012~2013 年，且从改善程度上看，第二高峰期间的技术创新绩效的变化指数最高（$TFP=0.998$）。一个下降波谷出现在 2011~2012 年（$TFP=0.840$）。按照年度的变化动态平均值结果画出图 8.2，可直观展示出 2009~2013 年广东省制造业技术创新绩效变化的路径及其主要来源。

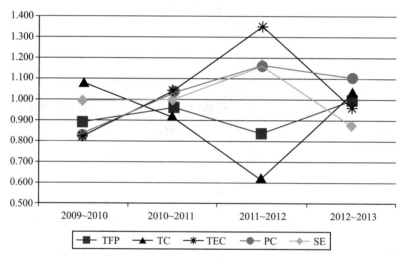

图 8.2 　2009~2013 年广东省制造业技术创新绩效变化的结构变动

具体分析 2009~2013 年各年度的技术创新绩效的变化及来源可知：

（1）2009~2010 年，广东省制造业技术创新绩效的变化指数为 0.889，下降 11.1%，导致这一时期技术创新绩效下降的根本原因在于技术效率的下降（幅度为 17.7%），表现为纯技术效率和规模效率同时出现了下降，幅度分别为 17.2% 和 0.6%。这一时期，技术进步"减缓"了技术效率下降对技术创新绩效产生的不利影响，技术进步的幅度为 8.1% 。

（2）2010～2011 年，广东省制造业技术创新绩效的变化指数为 0.961，下降 3.9%，导致这一时期技术创新绩效下降的根本原因在于技术退步（幅度为 7.4%），该时期技术效率的提高"减缓"了技术退步对技术创新绩效产生的不利影响，技术效率改善的幅度为 3.7%，其中，纯技术效率提高了 4.3%，而规模效率下降了 0.6% 。

（3）2011～2012 年，广东省制造业技术创新绩效的变化指数为 0.840，下降 16.0%，导致这一时期技术创新绩效下降的根本原因在于技术退步（幅度为 37.8%），该时期技术效率的改善"减缓"了技术退步对技术创新绩效产生的不利影响，技术效率改善的幅度为 35.0%，其中，纯技术效率和规模效率分别为之贡献了 15.9% 和 16.5% 。

（4）2012～2013 年，广东省制造业技术创新绩效的变化指数为 0.998，下降 0.2%，导致这一时期技术创新绩效下降的根本原因在于技术效率的下降（幅度为 3.8%），究其原因，在于规模效率的恶化，表现为规模效率恶化的程度高于纯技术效率改善的幅度，规模效率下降 12.6%，纯技术效率上升 10.1% 。这一时期，技术进步"减缓"了技术效率下降对技术创新绩效产生的不利影响，技术进步的幅度为 3.7% 。

通过以上分析可知，当技术进步促进技术创新绩效提升时，总会遇到技术效率下降对技术创新绩效的不利影响，或者是当技术效率的提升促进技术创新绩效上升时，总会遇到技术退步制约技术创新绩效的提升，二者此长彼消。

8.2.1.3　广东省制造业技术创新绩效的变动及差异分析

表 8.4 给出了 2004～2008 年广东省制造业技术创新绩效的变化指数、技术进步指数、技术效率变化指数、纯技术效率变化指数及规模效率变化指数的均值。表 8.5 对 21 个地市表现出的变动特征进行了分类分析。

表8.4   广东省制造业技术创新绩效的变化指数及
其分解指数均值（2004～2008年）

地区	TFP	TC	TEC	PC	SE
广州	0.968	0.883	1.096	1.000	1.096
深圳	1.574	1.200	1.312	1.000	1.312
珠海	0.836	0.876	0.954	0.978	0.976
惠州	1.401	1.236	1.133	1.069	1.060
东莞	1.071	0.990	1.081	1.000	1.081
中山	1.685	1.297	1.300	1.246	1.044
江门	1.326	1.152	1.151	1.018	1.131
佛山	1.274	1.139	1.119	1.000	1.119
肇庆	0.800	0.901	0.889	0.968	0.918
珠三角均值	1.178	1.064	1.107	1.028	1.077
汕头	0.912	0.912	1.000	1.000	1.000
汕尾	0.778	0.829	0.938	1.000	0.938
潮州	0.856	0.894	0.957	0.971	0.985
揭阳	0.927	0.937	0.989	1.051	0.941
东翼均值	0.866	0.892	0.971	1.005	0.966
阳江	1.257	1.257	1.000	1.000	1.000
湛江	1.122	0.980	1.145	1.183	0.967
茂名	1.721	0.933	1.844	1.646	1.120
西翼均值	1.344	1.047	1.283	1.249	1.027
韶关	1.385	0.895	1.547	1.388	1.115
河源	1.410	0.929	1.518	1.162	1.306
梅州	0.895	0.894	1.002	1.119	0.895
清远	0.979	0.897	1.091	1.003	1.088
云浮	0.804	1.007	0.798	1.022	0.781
山区均值	1.066	0.923	1.154	1.131	1.021
全省均值	1.105	0.992	1.114	1.077	1.034

注：均值为几何均值。

表8.5　　　　　　　地区统计分析（2004～2008 年）

		数量	比例（%）	包含的行业
TFP > 1		11	52.38	
	TC > 1	0	0.00	
	TEC > 1	5	23.81	东莞、湛江、韶关、河源、茂名
	TC≥1 且 TEC≥1	6	28.57	阳江、佛山、江门、惠州、深圳、中山
TFP < 1		10	47.62	
	TC < 1	4	19.05	梅州、汕头、广州、清远
	TEC < 1	1	4.76	云浮
	TC < 1 且 TEC < 1	5	23.81	汕尾、肇庆、珠海、潮州、揭阳
TEC > 1		15	71.43	
	PC > 1	2	9.52	梅州、湛江
	SE > 1	0	0.00	
	PC≥1 且 SE≥1	13	61.90	汕头、阳江、东莞、清远、广州、佛山、惠州、江门、中山、深圳、河源、韶关、茂名
TEC < 1		6	28.57	
	PC < 1	0	0.00	
	SE < 1	3	14.29	云浮、汕尾、揭阳
	PC < 1 且 SE < 1	3	14.29	肇庆、珠海、潮州

2004～2008 年，广东省制造业技术创新绩效均值为 1.105。其中，从所属的区域板块来看，制造业技术创新绩效的排名依次为：西翼地区（1.344）、珠三角地区（1.178）、粤北山区（1.066）、东翼地区（0.866）。

2004～2008 年，东莞、湛江、韶关、河源、茂名、阳江、佛山、江门、惠州、深圳、中山等 11 个地市的制造业技术创新绩效正向增长，占所评价总体的 52.38%，其中增长幅度最大的依次为深圳、中山、茂名等 3 个地区，增长幅度都超过 50%。这 11 个地市制造业技术创新绩效的增长情况又分为两种情况：第一种是技术创新绩效的增长来自于技术进步和技术效率两者的共同贡献，共有阳江、佛山、江门、惠州、深圳、中山6个地市，占评价总体的28.57%，这6个地市制造业的技术创新活动进入了较为理想的发展阶段。第二种是技术创新绩效的增长来自于技术效率的改善，有东莞、湛江、韶关、河源、茂名5个地市，占所评价总体的23.81%。

其他10个地市制造业技术创新绩效的增长率为负（TFP < 1），占所评价总体的47.62%。根据导致行业技术创新绩效增长率为负的原因差异，这10个地市可以分为三类：第一类是汕尾、肇庆、珠海、潮州、揭阳5个地市，占所评价总体的23.81%，表现为技术进步和技术效率的增长率都为负值，也就是说，这两个地市制造业技术创新绩效的降低是由于技术退步和技术效率的恶化共同导致的。第二类共有梅州、汕头、广州、清远4个地市，占所评价总体的19.05%；这4个地市制造业技术创新绩效的恶化是技术退步的"拖累"所致，表现为技术效率的变化指数不小于1，而技术进步指数小于1，且前者增长的幅度低于后者下降的幅度。第三类共有云浮1个地市，占所评价总体的4.76%；这1个地市制造业技术创新绩效的恶化是技术效率下降的"拖累"所致，表现为技术进步的变化指数不小于1，而技术效率指数小于1，且前者增长的幅度低于后者下降的幅度。

通过对技术效率变化指数的分解可知，在21个被评价的地市中，有15个地市制造业实现了技术效率的改善（即TEC > 1），占所评价总体的71.43%，其中，汕头、阳江、东莞、清远、广州、佛山、惠州、江门、中山、深圳、河源、韶关、茂名13个地市制造业技术创新技术效率的改善是受到纯技术效率和规模效率改善的共同作用；有梅州、湛江2个地市技术效率的改善源于纯技术效率的改善，但是规模效率的恶化"减弱"了这一改善的程度。另外，有6个地市技术效率未能实现改善，占所评价总体的28.57%，其中，在技术效率未改善的6个地市中，云浮、汕尾、揭阳受到规模效率的拖累，而肇庆、珠海、潮州受到纯技术效率和规模效率的共同拖累。

表8.6给出了2009～2013年广东省制造业技术创新绩效的变化指

数、技术进步指数、技术效率变化指数、纯技术效率变化指数及规模效率变化指数的均值。表 8.7 对 21 个地市表现出的变动特征进行了分类分析。

表 8.6　　　　　广东省制造业技术创新绩效的变化指数及

其分解指数均值（2009～2013 年）

地区	TFP	TC	TEC	PC	SE
广州	0.972	1.046	0.929	1.000	0.929
深圳	1.103	0.834	1.323	1.000	1.323
珠海	1.073	0.937	1.145	1.120	1.023
惠州	0.968	0.904	1.071	1.000	1.071
东莞	0.958	0.835	1.148	1.000	1.148
中山	1.007	0.907	1.111	1.000	1.111
江门	0.873	0.915	0.954	0.932	1.024
佛山	0.958	0.967	0.991	0.916	1.082
肇庆	1.025	0.862	1.189	1.228	0.968
珠三角均值	0.991	0.910	1.089	1.018	1.070
汕头	0.862	0.862	1.000	1.000	1.000
汕尾	0.755	0.755	1.000	1.000	1.000
潮州	1.016	0.909	1.118	1.142	0.979
揭阳	1.018	0.975	1.045	1.083	0.964
东翼均值	0.906	0.871	1.040	1.055	0.986
阳江	0.781	0.869	0.898	1.000	0.898
湛江	0.875	0.91	0.961	1.072	0.897
茂名	0.824	1.021	0.807	0.864	0.933
西翼均值	0.826	0.931	0.886	0.975	0.909
韶关	1.19	1.044	1.139	1.165	0.978
河源	0.786	0.752	1.044	1.000	1.044
梅州	0.869	0.88	0.988	0.989	0.999

地区	TFP	TC	TEC	PC	SE
清远	1.118	0.951	1.175	1.033	1.137
云浮	0.544	0.772	0.704	1.040	0.677
山区均值	0.869	0.873	0.994	1.044	0.953
全省均值	0.920	0.897	1.026	1.025	1.001

注：均值为几何均值。

表 8.7　　　　　　　　　　地区统计分析（2009～2013 年）

		数量	比例（%）	包含的地市
TFP > 1		8	38.10	
	TC > 1	0	0.00	
	TEC > 1	7	33.33	中山、潮州、揭阳、肇庆、珠海、深圳、清远
	TC ≥ 1 且 TEC ≥ 1	1	4.76	韶关
TFP < 1		13	61.90	
	TC < 1	5	23.81	汕尾、河源、汕头、东莞、惠州
	TEC < 1	2	9.52	茂名、广州
	TC < 1 且 TEC < 1	6	28.57	云浮、阳江、梅州、江门、湛江、佛山
TEC > 1		13	61.90	
	PC > 1	4	19.05	揭阳、潮州、韶关、肇庆
	SE > 1	0	0.00	
	PC ≥ 1 且 SE ≥ 1	9	42.86	汕尾、汕头、河源、惠州、中山、珠海、东莞、清远、深圳
TEC < 1		8	38.10	
	PC < 1	2	9.52	江门、佛山
	SE < 1	4	19.05	云浮、阳江、广州、湛江
	PC < 1 且 SE < 1	2	9.52	茂名、茂名

　　2009～2013 年，广东省 21 个地市制造业技术创新绩效均值为

0.920。其中，从 21 个地市所属的区域板块来看，制造业技术创新绩效的排名依次为：珠三角地区（0.991）、东翼地区（0.906）、粤北山区（0.869）、西翼地区（0.826）。

2009～2013 年，中山、潮州、揭阳、肇庆、珠海、深圳、清远、韶关等 8 个地市的制造业技术创新绩效正向增长，占所评价总体的38.10%，其中增长幅度最大的依次为深圳、清远、韶关 3 个地市，增长幅度都超过 10%。这 8 个地市制造业技术创新绩效的增长情况又分为两种：第一种是技术创新绩效的增长来自于技术进步和技术效率两者的共同贡献，有韶关 1 个地市，占评价总体的 4.76%，这 1 个地市的技术创新活动进入了较为理想的发展阶段。第二种是技术创新绩效的增长来自于技术效率的改善，有中山、潮州、揭阳、肇庆、珠海、深圳、清远 7 个地市，占所评价总体的 33.33%。

其他 13 个行业技术创新绩效的增长率为负（TFP < 1），占所评价总体的 61.90%。根据导致行业技术创新绩效增长率为负的原因差异，这 13 个行业可以分为三类：第一类是云浮、阳江、梅州、江门、湛江、佛山 6 个地市，表现为技术进步和技术效率的增长率都为负值，也就是说，这 6 个地市制造业技术创新绩效的降低是由于技术退步和技术效率的恶化共同导致的。第二类有汕尾、河源、汕头、东莞、惠州 5 个地市，占所评价总体的 23.81%；这 5 个地市制造业技术创新绩效的恶化是技术退步的"拖累"所致，表现为技术效率的变化指数不小于 1，而技术进步指数小于 1，且前者增长的幅度低于后者下降的幅度。第三类有茂名、广州 2 个地市，占所评价总体的 9.52%；这 2 个地市制造业技术创新绩效的恶化是技术效率下降的"拖累"所致，表现为技术进步的变化指数不小于 1，而技术效率指数小于 1，且前者增长的幅度低于后者下降的幅度。

通过对技术效率变化指数的分解可知，在 21 个被评价的地市中，有 13 个地市实现了技术效率的改善（即 TEC > 1），占所评价总体的61.90%，其中，汕尾、汕头、河源、惠州、中山、珠海、东莞、清远、深圳 9 个地市的技术效率的改善是受到纯技术效率和规模效率改善的共同作用；有揭阳、潮州、韶关、肇庆4个地市技术效率的改善源于纯技术效率的改善，但是规模效率的恶化"减弱"了这一改善的程度。另外，有8个地市技术效率未能实现改善，占所评价总体的38.10%，其中，在技术效率未改善的8个地市中，江门、佛山2个地市被纯技术效率所拖累，云浮、阳江、广州、湛江4个地市受到规模效率的拖累，而茂名、茂名2个地市受到纯技术效率和规模效率的共同拖累。

8.2.2 珠三角地区知识产权管理绩效的测算结果

根据上文确定的珠三角地区知识产权管理绩效的评价指标，运用基于微粒群算法的评价模型对珠三角地区知识产权管理绩效进行评价，表8.8为广东省21个地市知识产权管理绩效在2005～2013年的平均值。

表 8.8　　　　　　　　　广东省21个地市知识产权管理绩效均值

地区	得分	排名	地区	得分	排名
广州	1.3191	2	揭阳	0.3322	12
深圳	2.3785	1	东翼均值	0.4066	
珠海	0.4462	8	阳江	0.3238	16
惠州	0.5884	6	湛江	0.3148	17
东莞	0.8692	4	茂名	0.3113	18
中山	0.8620	5	西翼均值	0.3166	
江门	0.4260	9	韶关	0.3251	15
佛山	0.9326	3	河源	0.2837	21
肇庆	0.3275	14	梅州	0.3297	13
珠三角均值	0.9055		清远	0.3105	19
汕头	0.5539	7	云浮	0.2866	20
汕尾	0.3353	11	山区均值	0.3071	
潮州	0.4049	10	全省均值	0.5839	

根据表8.8的评价结果，广东省21个地市知识产权管理绩效最高的为深圳（2.3785），知识产权管理绩效最差的为河源（0.2837）。其中，从21个地市所属的区域板块来看，知识产权管理绩效的排名依次为：珠三角地区（0.9055）、东翼地区（0.4066）、西翼地区（0.3166）、粤北山区（0.3071）。高于全省知识产权绩效平均值（0.5839）的地区只有深圳、广州、佛山、东莞、中山、惠州6个地区，并且全部都位于珠三角地区，这较为充分说明了珠三角地区知识产权管理绩效水平明显优于其他三个区域板块。总体而言，经济与科技较为发达的珠三角地区各城市具有较高的知识产权管理绩效，而经济发展相对滞后的粤北山区各城市知识产权管理绩效较低。

8.2.3　实证检验与分析

本章在基本模型的基础上，分别就广东省21个地市制造业整体、珠三角地区9个地市制造业、东翼地区4个地市制造业、西翼地区3个地市制造业、粤北山区5个地市制造业，分析知识产权管理、技术创新绩效对制造业产业升级的影响。利用Eviews 6.1，通过Hausman检验选择固定效应模型或是随机效应模型对样本数据进行回归，当Hausman检验结果在10%的水平上显著时，则选择固定效应模型，反之则选择随机效应模型。根据检验结果，如表8.9所示，本章选择固定效应模型。

表8.9　　　　　　　　基于面板数据的估计结果

变量	广东省	珠三角地区	东翼地区	西翼地区	粤北山区
常数	0.347 *** （5.253）	0.245 *** （4.714）	0.347 *** （5.392）	0.049 ** （2.423）	0.143 *** （3.735）
LnTI	0.565 *** （4.516）	0.541 *** （3.917）	0.325 ** （2.854）	0.459 * （1.641）	0.373 ** （2.541）
LnIPM	0.102 （2.431）	0.167 *** （2.534）	0.076 （1.953）	−0.165 （−3.176）	−0.082 （−1.651）

变量	广东省	珠三角地区	东翼地区	西翼地区	粤北山区
LnTI × LnIPM	0.641 * (1.726)	0.257 ** (1.154)	0.135 (1.214)	0.034 (0.056)	0.113 (1.041)
ADJ − R^2	0.895	0.878	0.775	0.921	0.903
F	5.134	3.936	3.493	7.371	2.781
$Prob > F$	0.000	0.000	0.000	0.000	0.000
Method	固定效应	固定效应	固定效应	固定效应	固定效应
样本数	189	81	36	27	45

注：括号内数字为 t 统计值；***，** 和 * 分别表示 1%，5% 和 10% 的水平上显著。

8.2.3.1 广东省制造业整体检验结果分析

从表 8.9 估计结果可以看出，LnTI 与 LnIU 成正相关关系，影响系数分别为 0.565，均通过了 1% 水平上的显著性检验，表明制造业技术创新绩效的提高显著地促进了广东省制造业产业升级。这是因为在技术创新投入水平不变条件下，技术创新绩效的提高，意味着企业产出（产品利润）特别是创新产出（新产品利润）增加，这说明技术创新绩效的提升能有效提高产业价值链的提升。同时，技术创新可以通过发现新材料、新的中间投入品或优化生产要素配置结构等、促使产品或者服务复杂化、提高产品或服务附加值，实现制造业产业结构的优化和产业价值链的提升[258-259]。LnIPM 与 LnIU 成正相关关系，影响系数为 0.102，但不显著。可能的解释：在开放性竞争环境下，良好的知识产权管理外部环境是我国企业积极参与国际市场的竞争的重要支撑。为此，我国积极推进知识产权战略的实施，整个社会知识产权意识不断增强，执法环境不断好转，知识产权执法力度也不断增加，促使我国知识产权外部环境逐步好转，实现了企业知识产权管理水平的稳步提高。知识产权外部环境的逐步优化对于处于产业国际制造业产业链条底端的我国及广东制造业而言，提供了一个产业链优化升级的外部支撑环境。但是支撑作用的能否发挥，还取决于一些其他关键因素或措施的协同作用。

从技术创新绩效和知识产权管理交互项的估计结果来看，$LnTI \times LnIPM$ 与 $LnIU$ 之间正相关，影响系数为 0.641，并通过了 10% 水平上的显著性检验。这说明知识产权管理与技术创新绩效二者间的协同效应有利于广东省制造业产业升级。这是因为，知识产权管理水平的不断提高为制造业行业技术创新和知识积累创造了良好的外部环境，激励了企业开展技术创新活动，提高了创新绩效，增加了知识存量，促使制造业产业价值链的提高。其逻辑关系可以进一步表述为：知识产权管理水平提高→研发投入和研发人力资本存量增加→知识存量增加→发明、创造水平上升→创新绩效提升→产业价值链升级。

8.2.3.2　分区域分组检验结果分析

从不同区域制造业的估计结果可知，制造业技术创新绩效对广东省制造业产业升级具有显著正向影响。并且从影响系数的大小可以得出：在技术创新对广东省制造业产业升级的促进作用中，促进效应大小依次为：珠三角地区制造业 > 西翼地区制造业 > 粤北地区制造业 > 东翼地区制造业。由此可见，由于地区特征差异特别是技术创新环境、基础及能力的差异，造成技术创新在推动制造业产业升级过程中表现出一定的区域异同，技术创新对珠三角地区制造业的产业升级促进作用最强。

从知识产权管理对广东省制造业产业升级的检验结果看出，不同区域制造业效应迥异。其中，对于珠三角地区制造业而言，知识产权管理对其产业升级具有显著的正向影响。其中，对于东翼地区制造业而言，知识产权管理对其产业升级具有正向影响，但不显著；而对于西翼制造业和粤北山区制造业，知识产权管理对于产业升级有负向影响，但不显著。这也进一步说明，对于工业基础较好，正处于产业升级关键时期的珠三角地区而言，构建知识产权管理体系，提升知识产权管理水平的重要性。技术创新绩效与知识产权管理交互项的检验结果显示，该交互项对制造业产业升级有正向影响，只是仅在珠三角地区与东翼地区通过了显著性检验。这进一步说明，在知识产权管理的作用下，技术创新对制造业的产业升级的积极作用更有利于发挥。随着企业外部知识产权环境的完善与企业自身知识产权管理水平的不断提高，维护了企业知识产权权益，营造了良好创新发展环境，激发了全社会创新动力、创造潜力和创业活力，促进了政产学研用协同创新，增强了制造业自主创新能力，完善了以企业为主体、市场为导向、产学研相结合的技术创新体系，促使制造业产业转型升级。

8.2.3.3 结论及政策启示

本章从系统的角度研究知识产权管理、技术创新绩效与广东省制造业产业升级三者之间的关系，采用 DEA 模型的 Malmquist 指数法测算了2004～2013 年广东省 21 个地市制造业技术创新全要素生产率及其分解的技术效率和技术进步；并运用面板数据模型考察了知识产权管理、技术创新绩效（用技术创新全要素生产率来衡量）对广东省制造业产业升级的影响。本章的结论及政策启示有以下几点。

（1）从广东省制造业整体样本和按区域的分样本检验结果来看，都验证了技术创新绩效对广东省制造业产业升级有着显著的促进作用。这证实了技术创新是实现广东省制造业产业升级的根本途径，技术创新及其绩效的提升对于制造业产业升级至关重要。这与中国一直以来所坚持的科技创新兴国战略及坚持走中国特色自主创新道路、实施创新驱动发展战略的思想是一致的。政府要制定积极的支持政策，加大科研投入力度，推动产学研协同创新，提高广东省特别是珠三角地区制造业特别是技术含量高的装备制造企业的技术创新绩效及创新能力。产学研协同创新是指企业、大学、科研院所在政府、金融机构等相关主体的支持下，共同进行技术开发。企业拥有的资源和技术有限，仅靠自身的资源和能力创造知识、开发新技术比较困难。通过组建协同创新联盟，企业不仅可以充分发挥自己的优势，有效地吸收和利用外部资源，还有助于克服创新本身所具有的风险高、投资周期长等问题以提高企业创新的积极性，推动产业升级。

（2）知识产权管理对广东省制造业产业升级存在区域差异。对于珠三角地区制造业与东翼地区制造业而言，知识产权管理对其产业升级具有显著的正向影响；而对西翼制造业和粤北山区制造业，知识产权管理对于产业升级有负向影响。这决定了在制定知识产权管理具体行业法律法规和执法标准时，要充分考虑行业技术水平差异，具体操作上要保持一定的差异性与灵活性。

（3）在促进广东省制造业产业升级上，技术创新绩效与知识产权管理具有明显的协同效应。该结论的启示在于：为了充分发挥技术创新对制造业产业升级的核心推动作用，知识产权管理是作为基础外部支撑条件的。

8.3　本 章 小 结

本章主要是从知识产权管理的角度，研究技术创新推动下的珠三角地区制造业产业升级问题。首先，将知识产权管理、技术创新与产业（企业转型）升级纳入同一框架下来系统分析，并设定面板数据模型，在此基础上，选择变量衡量指标及测算方法。其次，运用 2004～2013 年广东省 21 个地市（具体细分为珠三角地区、东翼地区、西翼地区、粤北山区四大区域板块）的工业面板数据，考察知识产权管理在技术创新驱动制造业企业升级中的影响及作用机制，并对实证研究结果进行分析，得出相应的结论及政策启示。

第 9 章

知识产权管理对珠三角地区制造业企业
绿色增长转型影响的实证研究

作为我国改革开放的先行地区，珠三角地区经历了经济快速发展的三十年，但是这种高速增长是以巨大的资源和环境代价换来的。特别是在工业领域，那种"高投入、高消耗、高排放、低收益"的"黑色经济"增长模式，导致了严重的能源与环境问题。因此，为扭转这一粗放型经济增长模式，必须推进广东经济发展方式的绿色转型势。同时，随着全国性的"民工荒"以及人口红利的逐渐消失，劳动力不再廉价，国际出口的不景气，珠三角地区长期依赖的外向型经济结构、粗放式的经济增长方式需要进一步加大力度调整。珠三角地区正处于经济发展方式绿色转型和产业（结构）转型升级的关键时期。如何走出一条科学地产业转型升级与经济绿色增长转型之路，是珠三角地区各级政府与企业共同面临的困境，也是我国在可持续发展过程中亟待解决的问题。

知识产权管理已经渗透和融入关键核心技术突破、创新链延伸、产业链跃升、价值链提升、产品结构优化、技术结构升级等产业（企业）转型升级的主要环节和过程。推进知识产权管理工作，直接决定珠三角地区乃至广东省产业转型升级的科技支撑体系建设与经济发展方式绿色转型的路径选择。知识产权管理已成为推动区域走上知识经济发展道路、统领区域经济发展、建设创新型区域的独立行动纲领。2012 年 1 月 20 日，广东省委、省政府颁布了《关于加快建设知识产权强省的决定》，明确了建设广东省为知识产权强省的战略目标。知识产权管理作为强有力的法律手段和政策工具，在当前的产业（结构）升级、绿色经济增长中扮演着愈发重要的角色，已成为共识。因此，本章从知识产权管理的角度，研究制造业企业转型升级作用下的经济绿色增长转型问题。

关于产业（结构）升级对经济增长的影响、知识产权管理（主要是基于知识产权保护的角度）对产业（结构）升级的影响、知识产权管理（主要是基于知识产权保护的角度）对经济增长的影响，诸多学者已做了丰富的研究。但是，鲜有学者将这三者结合起来系统分析。在产业升级能否促进经济增长这一议题上，知识产权管理起着关键作用。因此，不考虑三者之间的内在联系，割裂地分析产业升级对经济增长的影响是缺乏科学性与有悖完整性的，而应将三者纳入同一框架下来系统分析。同时，基于这一系统分析框架，本章用范畴更广、更具系统思维的知识产权管理（涵盖知识产权开发、保护与运营）替代现有研究中常用的知识产权保护这一变量；考虑到中国现阶段的经济转型目标，用绿色经济增长代替原来的一般意义上的经济增长。本章以正处于产业转型升级关键时期的广东省为例，系统分析知识产权管理、产业升级与绿色经济增长三者之间的关系，运用2004～2013年广东省21个地市（具体细分为珠三角地区、东翼地区、西翼地区、粤北山区四大区域板块）的面板数据，考察知识产权管理、产业升级对绿色经济增长的影响。

9.1　模型设定与变量选取

9.1.1　理论模型设定

本章建立计量模型（9.1），分别对广东省整体样本及珠三角地区、东翼地区、西翼地区与粤北山区分样本进行检验，验证知识产权管理、产业升级对区域工业绿色增长是否有影响？

$$\mathrm{Ln}GTFP_{it} = \alpha_0 + \alpha_1 \mathrm{Ln}IU_{it} + \alpha_2 \mathrm{Ln}IPM_{it} + \alpha_3 \mathrm{Ln}IU_{it} \times \mathrm{Ln}IPM_{it} + \omega_{it} \quad (9.1)$$

其中，$GTFP$ 表示区域工业绿色增长，用区域工业绿色全要素生产率指数表示；IU 表示产业升级、IPM 表示区域知识产权管理（用区域知识产权管理绩效来衡量）。知识产权管理可以通过影响区域产业升级进而影响区域工业绿色增长，这意味着知识产权管理不仅具有直接效应，还具有间接效应。为此，引入了知识产权管理与产业升级的交叉项。其中，工业绿色全要素生产率指数（$GTFP$）是因变量，知识产权管理（IPM）、产业升级（IU）为自变量。

9.1.2　因变量的测算

绿色经济增长（$GTFP$）是因变量。本章采用构建能处理非期望产出 Malmquist – Luenberger 指数模型来测算广东省制造业绿色全要素生产率指数（$GTFP$）及其分解的技术进步指数（GTC）、技术效率变化指数（$GTEC$）。

9.1.2.1　模型与方法

假设有 N 个 DMU，每个 DMU 以 M 种投入生产 S 种期望产出和 W 种非期望产出。投入用 $M \times 1$ 的向量 x 表示，期望产出用 $S \times 1$ 的向量 y 表示，非期望产出以 $w \times 1$ 的向量 b 表示，在不考虑非期望产出时，技术集合被定义为[260]：

$$S = \{(x,\ y): x\ \text{能生产出}\ y\} \quad (9.2)$$

产出集合可以定义为：

$$P(x) = \{(y,\ x\ \text{能生产出}\ y\} \quad (9.3)$$

定义在产出集合 $P(x)$ 上的距离函数为：

$$D_0(x,\ y) = \inf\{(\delta:\ (y/\delta) \in P(x)\} \quad (9.4)$$

此时，以产出为导向的技术效率为：

$$TE_0 = D_0(x,\ y) \quad (9.5)$$

在上述方法的基础上，为了能同时衡量期望产出增加和非期望产出减少时的效率情况，Shephard 提出了方向性距离函数的概念。其计算方法如下：

在同时考虑期望产出和非期望产出时，式（9.2）可改写为：

$$D_0(x, y, b) = \inf\{\theta: ((y, b)/\theta) \in P'(x)\} \qquad (9.6)$$

其中，$P'(x) = \{y: x$ 能生产出$(y, b)\}$ 为同时考虑期望产出和非期望产出时的产出集合。

在式（9.4）中纳入方向向量 g_y 和 g_b，则形成方向距离函数：

$$D_0(x, y, b; g_y, g_b) = \max\{\beta: (y + \beta^* g_y, b - \beta^* g_b) \in P'(x)\}$$
$$(9.7)$$

这里，假定期望产出和非期望产出按照相同的比例扩张和收缩，β 就是期望产出增长和非期望产出减少的比例。其中 $\beta^* g_y$ 代表期望产出增加的数量，$\beta^* g_b$ 代表非期望产出减少的数量。

此时，由方向距离函数可以得到包含非期望产出的技术效率为：

$$TE_1 = \frac{1}{1 + D_0^t(x^t, y^t, b^t; y^t, -b^t)} \qquad (9.8)$$

在同时考虑期望产出和非期望产出的情况下，我们就可以用方向距离函数替代产出距离函数来衡量全要素生产率，Y. H. Chung（1997）把该指数命名为 Malmquist – Luenberger 生产力指数（简称 ML 指数）：

$$TE_t^{t+1} = \left[\frac{1 + D_0^t(x^t, y^t, b^t; y^t, -b^t)}{1 + D_0^t(x^{t+1}, y^{t+1}, b^{t+1}; y^{t+1}, -b^{t+1})} \times \right.$$
$$\left. \frac{1 + D_0^{t+1}(x^t, y^t, b^t; y^t, -b^t)}{1 + D_0^{t+1}(x^{t+1}, y^{t+1}, b^{t+1}; y^{t+1}, -b^{t+1})} \right]^{1/2} \qquad (9.9)$$

ML 指数同样可分解为技术效率变化指数（$MLTEC$）和技术进步指数（$MLTC$）：

$$Ml_t^{t+1} = MLTEC_t^{t+1} \times MLTC_t^{t+1} \qquad (9.10)$$

其中，

$$MLTEC_t^{t+1} = \frac{1 + D_0^t(x^t, y^t, b^t; y^t, -b^t)}{1 + D_0^t(x^{t+1}, y^{t+1}, b^{t+1}; y^{t+1}, -b^{t+1})} \qquad (9.11)$$

$$MLTC_t^{t+1} = \left[\frac{1 + D_0^{t+1}(x^t, \; y^t, \; b^t; \; y^t, \; -b^t)}{1 + D_0^t(x^t, \; y^t, \; b^t; \; y^t, \; -b^t)} \times \right.$$

$$\left. \frac{1 + D_0^{t+1}(x^{t+1}, \; y^{t+1}, \; b^{t+1}; \; y^{t+1}, \; -b^{t+1})}{1 + D_0^t(x^{t+1}, \; y^{t+1}, \; b^{t+1}; \; y^{t+1}, \; -b^{t+1})} \right]^{1/2} \quad (9.12)$$

9.1.2.2 指标选取

运用 Malmquist – Luenberger 指数模型来测算绿色全要素生产率，需要选取两大类指标：投入和产出指标（包括"好产出"与"坏产出"两个方面）。

投入指标：投入包括劳动投入和资本投入。用珠三角地区各城市规模以上工业企业的从业人员年平均人数（G_1）作为劳动投入的衡量指标；选用珠三角地区各城市规模以上工业企业的固定资产净值年平均余额（G_2）作为资本投入的衡量指标，为消除物价变化的影响，采用固定资产投资价格指数对该指标进行平减处理。

产出指标：（1）期望产出，采用珠三角地区各城市的规模以上的工业总产值（G_3），为消除物价变化的影响，采用工业生产者出厂价格指数来对该指标进行平减处理。（2）非期望产出。工业企业作为国民经济的主要组成，考虑区域经济的绿色增长，必须考虑其在生产过程中，产生的环境污染与能源消耗。选取各地区工业废水排放总量（G_4）、地区工业废气排放总量（G_5）与地区工业固体废物排放量（G_6）等 3 个非期望产出指标来衡量工业生产所带来的环境污染；选取单位工业增加值能耗这一非期望产出指标来衡量工业生产所带来的能源消耗水平，由于数据的可获得性，选用珠三角地区各城市单位 GDP 能耗（G_7）作为替代指标。

9.1.3 自变量的测算

9.1.3.1 知识产权管理

知识产权管理是知识产权沿着智能创造自身的发展纵向发展的全过

程，这个过程一般包括知识产权开发管理（智能创造产生）、知识产权保护管理（智能创造保护和规范化）和知识产权运营管理（智能创造的商业化、扩散、侵权等）三个阶段[228]。开发管理阶段是珠三角地区各知识产权参与主体进行知识成果研究与开发的过程，是知识产权管理活动的开端，涉及区域知识产权从资源投入、转换到知识产权产出的全过程，涵盖了资源投入与配置、激励机制设计等内容。保护管理阶段由珠三角地区内知识产权申请、知识产权授权、知识产权维权等活动集合而成，即智能创造得到法律认可和规范化阶段；该子系统需要同外界环境接触进行物质和信息的交流，有针对性地实施不同的知识产权保护策略和协作方式。运营管理阶段是珠三角地区内知识产权交易、知识产权价值的市场价值实现过程，即智能创造的市场推广与价值实现的过程，同时保证知识产权运营过程中的知识产权侵权行为的发生；该子系统对整体系统运行效果发挥至关重要，利用自身的知识产权成果产生市场效益是其主要职责。

理论上应该采用第7章珠三角地区制造业企业转型升级知识产权管理系统运行效果作为知识产权管理这一自变量的衡量指标，但是由于本章要采用面板数据（2004～2013年），由于2013年之前《广东知识产权年鉴》的相关指标缺失较多，且实证对象从珠三角地区扩展到整个广东省全省范围，考虑数据的可获得性，本章对广东省制造业企业转型升级知识产权管理系统运行效果评价指标体系进行微调，如表9.1所示。

表9.1　　　　　　　　知识产权管理绩效的评价指标体系

目标层	准则层	指标层
区域知识产权管理绩效	开发管理	R&D 人员（Z_1）
		R&D 经费内部支出（Z_2）
	保护管理	专利申请数（Z_3）
		专利授权数（Z_4）
		PCT 国际专利申请（Z_5）

目标层	准则层	指标层
区域知识产权管理绩效	运营管理	专利纠纷案件受理数（Z_6）
		纠纷案件结案数（Z_7）
		查处假冒专利立案数（Z_8）
		查处假冒专利结案数（Z_9）
		新产品销售收入（Z_{10}）
		新产品出口额（Z_{11}）

同理，运用基于微粒群算法的评价模型对知识产权管理绩效进行度量，具体模型见第 7 章。

9.1.3.2 产业升级

产业升级（IU）是产业完成由低附加值、低技术水平的状态向高附加值、高技术水平状态的演变过程。产业升级具体表现为两方面：一是指产业在其发展过程中，未获取更多的附加值，对原材料不断进行精细加工和灵巧组装，产业逐渐由以原材料为重心的经济结构上升到以加工、组装为主的经济结构；二是产业内部分工在不断细化和深化的过程中，也推动产业内部附加值较低的生产加工环节向附加值较高的生产性服务环节的演变。

借鉴学者余姗，樊秀峰[250]（2014）和倪敬娥[251]（2013）的研究，本章采用美国管理学家彼得·德鲁克提出的贡献价值来定义附加值，即企业生产的产品或提供的服务所得之总额与由外部买进的原材料或服务的采购额之间的差值。考虑到数据的可获得性，采用各市工业企业当年利税总额占整个广东省当年工业企业利税总额的比重来表示该变量。

9.1.4 数据说明

为了能更好研究知识产权管理对珠三角地区制造业企业产业升级的

影响，本章选取的研究对象从珠三角地区 9 个地级以上市扩展到广东省 21 个地级以上市（简称"地市"），以便更好地进行对比。根据研究需要，按经济发展程度和地理位置将广东省 21 个地市划分为 4 个区域板块：珠三角地区（包括广州、深圳、珠海、佛山、江门、东莞、中山、惠州和肇庆），东翼地区（包括汕头、揭阳、汕尾和潮州），西翼地区（包括湛江、茂名和阳江），粤北山区（包括韶关、清远、河源、梅州和云浮）[227]。

　　本章以 2004~2013 年广东省 21 个地市为样本。相关指标所使用的原始数据来自于 2005~2014 年的《广东省统计年鉴》《广东省科技统计年鉴》和《广东知识产权年鉴》。其中，对于个别指标数据缺失的情况，使用前一年和后一年的平均值来代替。另外，固定资产投资价格指数与工业生产者出厂价格指数来自历年《广东省统计年鉴》。知识产权管理绩效评价的各指标原始数据见附录 B：表 11~表 20；产业升级衡量指标原始数据见附录 C：表 21，绿色经济增长评价的各指标原始数据见附录 D：表 22~表 30。

9.2　实证结果及分析

9.2.1　制造业绿色全要素生产率的测算结果

　　根据 Malmquist – Luenberger 指数模型以及所得到的指标数据，测算了广东省 21 个地市的工业 GTFP 及其分解。表 9.2 列出了 2004~2013 年广东省 21 个地市工业绿色全要素生产率指数（GTFP）、绿色技术进步指数（GTC）、绿色技术效率变化指数（GTEC）的均值。

表 9.2　　　　　　　广东省工业绿色全要素生产率指数及
其分解的平均值（2004～2013 年）

	年份	*GTFP*	*GTC*	*GTEC*
政策前	2004～2005	1.019	1.076	0.947
	2005～2006	1.102	1.065	1.035
	2006～2007	1.056	0.933	1.132
	2007～2008	0.993	1.164	0.853
	均值	1.042	1.056	0.986
政策后	2008～2009	0.796	0.953	0.835
	2009～2010	1.022	0.842	1.214
	2010～2011	1.012	1.184	0.855
	2011～2012	1.228	1.079	1.138
	2012～2013	1.202	1.109	1.084
	均值	1.040	1.026	1.013
全部均值		1.041	1.039	1.001

　　由表 9.2 看出，2004～2013 年，广东省制造业 *GTFP* 实现了一定提升（*GTFP* = 1.041），年均增长 4.1%。通过对广东省制造业 *GTFP* 增长的结构进行分解可知，广东省制造业 *GTFP* 在 2004～2013 年的增长主要来源于技术进步，技术进步为广东省制造业 *GTFP* 的增长年均贡献了 3.9 个百分点。

　　"产业转移和劳动力转移"双转移战略是广东为应对发展瓶颈，于 2008 年 5 月 29 日提出的新发展战略。该战略提出广东在加快转变经济发展方式过程中推动"腾笼换鸟"，以自主创新作为引领广东未来发展的核心推动力，促进传统产业转型升级和现代产业体系建设。随后出台了一系列支持政策。为了对广东省制造业绿色全要素生产率及其分解在双转移战略实施前后的演进规律，本章将政策实施的时间，划分为两个时段：2004～2008 年为政策支持前，2009～2013 年为政策支持后。通过对广东省制造业 *GTFP* 及其分解的演变规律进行分析可知：第一，

2009 年以前，广东省制造业 GTFP 变化率实现了增长，其主要来源于技术进步，而技术效率则出现了一定程度的下降；2009 年以后，广东省制造业 GTFP 也实现了增长，但该增长是由技术进步与技术效率的改善共同作用的结果。对比政策前后的结果可知：广东省制造业 GTFP 的增长，在双转移战略实施前主要是由技术进步推动的，在双转移战略实施后，则转变为技术效率与技术进步的双重促进。第二，在政策推出前临近的前后两年，技术效率均出现了严重恶化，表现为广东省制造业 GT-FP 在 2008 年和 2009 年出现幅度分别为 14.7% 和 16.5% 的"断崖式"下滑，这可能与 2008 年 9 月开始，一场由美国次贷危机引发的金融危机有关，对以制造业为支柱产业的广东省制造业的发展产生明显的负面影响。第三，在政策推出后，从 2010 年开始，广东省制造业 GTFP 的技术效率"恶化"的趋势逐渐扭转，开始实现技术效率的改善。这表明珠三角地区"产业转移和劳动力转移"双转移战略的效果逐渐开始显现。

9.2.2　珠三角地区知识产权管理绩效的测算结果

根据上文确定的珠三角地区知识产权管理绩效的评价指标，运用基于微粒群算法的评价模型对珠三角地区知识产权管理绩效进行评价，表 9.3 为广东省 21 个地市知识产权管理绩效在 2005～2013 年的平均值。

表 9.3　　　　　　　　广东省 21 个地市知识产权管理绩效均值

地区	得分	排名	地区	得分	排名
广州	1.3191	2	揭阳	0.3322	12
深圳	2.3785	1	东翼均值	0.4066	
珠海	0.4462	8	阳江	0.3238	16
惠州	0.5884	6	湛江	0.3148	17
东莞	0.8692	4	茂名	0.3113	18

地区	得分	排名	地区	得分	排名
中山	0.8620	5	西翼均值	0.3166	
江门	0.4260	9	韶关	0.3251	15
佛山	0.9326	3	河源	0.2837	21
肇庆	0.3275	14	梅州	0.3297	13
珠三角均值	0.9055		清远	0.3105	19
汕头	0.5539	7	云浮	0.2866	20
汕尾	0.3353	11	山区均值	0.3071	
潮州	0.4049	10	全省均值	0.5839	

根据表9.3的评价结果,广东省21个地市知识产权管理绩效最高的为深圳(2.3785),知识产权管理绩效最差的为河源(0.2837)。其中,从21个地市所属的区域板块来看,知识产权管理绩效的排名依次为:珠三角地区(0.9055)、东翼地区(0.4066)、西翼地区(0.3166)、粤北山区(0.3071)。高于全省知识产权绩效平均值(0.5839)的地区有深圳、广州、佛山、东莞、中山、惠州6个地区,并且全部都位于珠三角地区,这较为充分说明了珠三角地区知识产权管理绩效水平明显优于其他三个区域板块。总体而言,经济与科技较为发达的珠三角地区各城市具有较高的知识产权管理绩效,而经济发展相对滞后的粤北山区各城市知识产权管理绩效较低。

9.2.3 计量检验结果及分析

在使用固定效应模型之前,首先通过 Hausman 检验来确定是选择随机效应模型还是选择固定效应模型,Hausman 检验结果表明,方程适用于固定效应估计,固定效应回归结果如表9.4所示。

表9.4   **估计结果**

变量	GTFP 方程				
	广东省	珠三角地区	东翼地区	西翼地区	粤北山区
常数	0.052 ** (2.634)	0.069 ** (3.793)	0.057 ** (1.671)	0.049 ** (1.406)	0.047 ** (1.348)
Ln*IPM*	0.031 (0.951)	0.054 * (2.565)	0.041 (1.483)	0.017 (2.325)	0.013 (0.226)
Ln*IU*	0.059 * (1.612)	0.072 * (2.714)	0.053 * (0.992)	0.045 * (0.846)	0.029 (1.733)
Ln*IU* × Ln*IPM*	0.037 ** (1.463)	0.061 * (3.628)	0.047 * (2.528)	0.034 * (1.451)	0.027 (1.538)
$ADJ - R^2$	0.997	0.999	0.998	0.997	0.999
F	5.741	7.249	14.516	7.213	12.725
Prob > F	0.000	0.000	0.000	0.000	0.000
Method	固定效应	固定效应	固定效应	固定效应	固定效应
样本数	189	81	36	27	45

注：括号内数字为 t 统计值；***，** 和 * 分别表示1%，5% 和10%的水平上显著。

（1）从表9.4可知，知识产权管理（*IPM*）与广东省制造业绿色全要素生产率（*GTFP*）成正相关关系，影响系数为0.031，但未通过显著性检验。从分区域板块的检验结果来看，知识产权管理绩效对珠三角地区、东翼地区、西翼地区和粤北山区的工业绿色全要素生产率增长有正向的促进，但只有珠三角地区通过了显著性检验。同时，知识产权管理绩效对工业 *GTFP* 增长的影响大小是按照珠三角地区、东翼地区、西翼地区和粤北山区的顺序排列的，弹性系数分别为0.054、0.041、0.017 和0.013。从表9.4可知，珠三角地区的知识产权管理绩效均值为0.9055，远高于东翼地区、西翼地区和粤北山区，这三个区域板块知识产权管理绩效平均值分别为0.4066、0.3166 和0.3071。这表明知识产权管理绩效对工业 *GTFP* 的促进作用与地区知识产权管理绩效成反比。

（2）由表9.4可知，产业升级（*IU*）对广东省制造业绿色全要素生产率增长（*GTFP*）有显著的正面影响（弹性系数为 0.059）。这说明产业升级对广东省制造业绿色增长有显著的促进效应。可能的原因：珠三角地区产业（结构升级）是在资源与环境双重约束条件下推进的，区域内的产业在实现从劳动与资本密集型向技术、知识密集型结构的转变过程中，其升级路径也基本上是沿着资源替代和资源能源节约型方向演进的。近年来，珠三角地区特别是珠三角地区一些传统的劳动密集型产业、资本密集型重工业逐步向内陆地区和东南亚其他国家转移，这一趋势至今仍延续。另外，针对珠三角地区 4 个区域板块的实证分析结果显示：产业升级对区域工业绿色增长的影响存在显著区域差异，除了粤北地区外，产业升级对区域工业绿色增长都有显著的正向影响。广东自 2008 年开始实施"产业转移和劳动力转移"双转移战略。在这一战略的实施过程中，珠三角地区通过转移环境污染大，能源耗费高的传统产业，同时对区域内留存下来的传统产业进行升级换代、减低其能源消耗，减少其环境污染；另外，珠三角地区大力发展战略性新兴产业、在推进产业转移过程中，积极培育战略性新兴产业，降低了该地区劳动密集型产业的比重，珠三角地区已成为国内部分战略性新兴产业的集聚地，有效地促进区域绿色经济的增长。粤北山区作为珠三角地区产业转移的承接"大户"，工业经济增长明显，但是不可避免地出现了一定环境与生态成本，产业升级对工业绿色经济增长的影响不显著。

（3）由表 9.4 可知，知识产权管理与产业升级的交叉项对广东省制造业绿色全要素生产率有着显著的促进作用，其弹性系数为 0.037。研究发现，知识产权管理虽然不能直接促进广东省制造业绿色增长，但却在产业升级的中介效应下，间接对广东省制造业绿色增长有着促进作用。这是由于：产业升级的过程，就是产业的知识化过程，也就是知识产权管理的过程。知识产权管理通过渗透和融入关键核心技术突破、创新链延伸、产业链跃升、价值链提升、产品结构优化、技术结构升级等产业转型升级的主要环节和过程，促使产业实现转型升级。知识产权管理（包括知识产权开发、保护与运营三个方面）在促进珠三角地区产业结构调整和转变经济发展方式过程发挥着支撑作用。因此，知识产权管理显著地促进了产业升级，而产业升级对广东省制造业绿色增长（*GTFP*）有显著的正面影响，知识产权管理通过产业升级的中介效应推动广东省制造业绿色增长。

9.2.4 研究结论及政策启示

本章的研究结论及政策启示如下。

（1）产业升级对广东省工业绿色增长有显著的促进效应。产业升级是通过产业结构的优化和产业素质与效率的提高来体现的，其中，提高产业素质与效率的关键路径是依靠技术创新。因此，广东省必须把产业升级作为经济绿色增长转型的战略重点，在产业升级中，通过产业结构优化与技术创新来实现经济发展的绿色转型。在产业结构优化方面：第一，建设现代工业产业体系。优先发展先进制造业，围绕产业链优化升级，打造先进制造业基地，推进重点产业园区建设，提升广东制造业的结构和技术水平；加快培育发展新兴产业和新型业态，着力建设战略性新兴产业基地集聚区，引导转型升级的方向；第二，东西两翼和粤北山区在承接珠三角地区的产业转移时，各级政府必须秉承"承接产业转移不是承接污染转移"的理念，做好资源节约、能源与环境保护工作，尽量减少承接产业转移企业对生态环境的负面影响。重点扶持引进投资强度大、技术含量高、经济效益好、节能环保、产业带动强的项目，严格控制引进限制类项目，严禁引进不符合产业政策的淘汰类项目。在技术创新方面：在技术创新特别是绿色创新过程中，政府要发挥扶持和引导作用。绿色创新相比一般意义上的技术创新，更具风险性和不确定性，而其技术性外溢和绿色低碳外溢又由整个社会共享，仅仅依赖市场机制的发挥，绿色创新水平必然偏低。因此，广东省各级政府应充分发挥政策对绿色创新的引导作用，激励高能耗与高污染的行业在关键领域和生产环节的绿色创新；同时加强绿色创新的知识产权保护，通过制度设计内部化绿色技术创新的外部效益，提升企业绿色创新的积极性。

（2）知识产权管理虽然不能直接促进广东省工业绿色增长，但却在产业升级中介效应下，间接对广东省工业绿色增长有促进作用。知识产权管理通过渗透和融入关键核心技术突破、创新链延伸、产业链跃升、价值链提升、产品结构优化、技术结构升级等产业升级的主要环节和过程，提升了产业的知识密集化程度，使产业的内部价值链由低附加值向高附加值转移与演变。产业知识密集化程度的提高，促使产业原先那种依赖生产要素的大量投入与扩张实现经济增长且带来严重的能源与环境问题的粗放型方式得到根本改变，产业实现了绿色增长。因此，加快建设知识产权强省，提高广东省知识产权开发、保护、运营的管理能力，对破解经济发展难题、实现转变发展的绿色转型至关重要。第一，加强知识产权开发与创造，通过原始创新、集成创新和引进消化吸收再创新，掌握关键技术，开发应用技术，提高知识产权创造的数量和质量。第二，加大知识产权保护力度，严厉打击各种侵犯知识产权和制假售假行为，整顿和规范市场经济秩序、加强诚信建设，完善社会主义市场经济体制。第三，加强知识产权的运营管理。加快知识产权的产品化过程，推进知识产权成果的市场经济效益转化，实现知识产权效益；在知识产权的运营过程中，要灵活运用知识产权壁垒、技术储备、防御商标、联合商标等策略，提高知识产权运营效果。

9.3　本章小结

本章主要是验证知识产权管理对珠三角地区制造业企业绿色增长转型的影响。首先，将知识产权管理、产业（企业转型）升级与经济绿色增长纳入同一框架下来系统分析，并设定面板数据模型，在此基础上，选择变量衡量指标及测算方法。其次，运用2004～2013年广东省21个地市（具体细分为珠三角地区，东翼地区，西翼地区，粤北山区等四大区域板块）的工业面板数据，考察知识产权管理、制造业企业转型升级对绿色经济增长的影响，最后，对实证研究结果进行分析，得出相应的结论及政策启示。

第10章

提升珠三角地区制造业企业转型升级
知识产权管理水平的对策

10.1 政府层面对策

10.1.1 建立健全知识产权法律法规体系

为了给珠三角地区制造业企业知识产权管理提供良好的外部环境支持，鼓励企业开展自主创新与技术开发，需要逐步制定与完善国家与区域层面的知识产权法律法规。知识产权法律法规体系是建立在对国外通行做法、先进经验进行借鉴，对我国及珠三角地区制造业企业知识产权管理实践成功总结的基础之上的，应该涵盖知识产权开发、保护与运营管理全过程，涉及范围包含产业扶持、公平竞争、市场需求指引等各个方面，其目的在于发挥法律法规及政策对珠三角地区制造业企业开展知识产权工作的支持与引导作用，加快企业的自主创新发展。重点从以下几点着手：第一，进一步完善法律法规，使知识产权保护有法可依；第二，强化执法，针对重点领域和重点环节开展专项行动；第三，提高服务水平，特别是加强对知识产权权利人的服务；第四，加强法律法规宣传教育和培训，营造保护知识产权的社会氛围。

10.1.2 完善政府首购和采购国产装备的政策法规

为了支持企业开展自主创新与技术研发，我国相继出台《中华人民共和国政府采购法》《自主创新产品政府首购和订购管理办法》和《政府采购进口产品管理办法》等一系列法律法规，取得了很大的成绩，但是，在实际操作过程中，出现了一些新问题，比如一些重大工程向国内外进行招投标时，其中一个先决条件就是要设备提供方出具业绩证明。但是，国内的制造企业自主研发设备由于缺乏这样的应用业绩而丧失应用机会。因此，需逐步完善政府首购和采购国产装备（特别是自主创新产品）的政策法规。具体可从以下着手：第一，对于制造业企业生产或者开发的试制品以及首次投入到市场上的新产品，可以引进认证制度：如果这些试制品或者新产品第三方机构认定为符合专业应用标准并具有广阔的市场潜力，政府应该优先采购；第二，鼓励政府优先购买具有自主知识产权的先进国产产品；第三，对于政府部门订购或者使用首台（套）国产知识密集密集型制造业重大技术的重点工程，可以予以优先安排，确定为技术进步示范工程[262]。

10.1.3 加强制造业共性技术的研发，掌握自主知识产权

制造业共性技术是这样一种技术，它会对制造业整个行业产生深度影响，并具有潜在的巨大经济效益和社会效益。制造业企业特别是装备制造业的研发涉及基础研究、共性技术研究、产品开发、产业化等四个方面，其中，共性技术起着承上启下的关键联接作用，没有制造业共性技术的实现，就无法实现技术上的根本突破。当前，珠三角地区制造业企业在行业共性技术研究与开发上，普遍存在积极性不高、投入力度小、能力差等突出问题。为了实现珠三角地区乃至我国制造业整体技术水平的提升，必须加强制造业共性技术的研究开发，并掌握自主知识产

权。为此，可以按照我国重点培育自主知识产权的技术目录，以国家重点实验室、国家工程技术研究中心、行业科研院所为参与主体，并采用合作研发的方式来进行共性制造业共性技术的研究。

10.1.4　加快知识产权服务支撑体系建设

知识产权服务业是指与知识产权产业密切相关的各种服务的集合，包含专利、商标、版权、新品种、地理标志与原产地保护等知识产权领域的各种新兴服务业。提升珠三角地区制造业知识产权管理水平，就必须发挥知识产权服务业的基础支撑作用。为此，珠三角地区必须重点推进以下工作：第一，推进珠三角地区制造业知识产权服务业产业集群建设。充分发挥广州、深圳等国家高技术服务业基地的引领作用，依托该地区的高新区、战略性新兴产业基地等产业集聚区，建立知识产权服务业集聚区，在珠三角有条件的地区建设高水平国际性知识产权产业园区，为知识产权服务业和知识产权与科技、产业、金融的融合发展搭建大的发展平台。第二，构建以知识产权为纽带，有机融合科技、产业和金融的运行机制。探索建立知识产权与科技、金融和产业融合发展的政策体系，鼓励银行加大对自主创新的信贷支持力度，完善创业风险投资法律保障体系和退出机制，健全创新型企业投融资服务体系。

10.2　企业层面对策

10.2.1　加强珠三角地区制造业企业知识产权的开发管理

10.2.1.1　加强企业自身的知识产权保护意识

在珠三角地区制造业企业知识产权开发管理中，广泛存在着两种错误观念，造成相关企业知识产权自我保护意识薄弱。第一种错误观念是：企业只要做好知识产权工作，知识产权保护是政府相关部门的事，企业"有心无力"。事实上，知识产权保护作为企业知识产权管理的一项基本构成活动，企业是当之无愧且不可或缺的参与主体。如果在知识产权管理过程中，不明确自己的主体角色或主动缺位，必然给企业的知识产权管理工作造成负面影响，有可能会使企业知识产权工作过早夭折，进而导致企业自主创新和自主研发的失败。因此，企业必须加强知识产权保护的自我观念与主体意识。第二种错误观念是：知识产权保护是知识产权管理部门或科技人员的事，与我无关。由于组织中"部门主义"的盛行以及知识产权工作长期处于刻意回避的状态，导致企业中大部分员工对企业自身知识产权工作未能全面了解。为了全面提升全体员工的知识产权保护意识，必须培育企业知识产权文化，增强知识产权宣传教育工作，包括强化科技人员和管理人员的知识产权保护意识，提高普通员工对知识产权工作的认可。通过知识产权文化教育，逐步使全体员工掌握知识产权相关法律、法规和国际惯例。

10.2.1.2　鼓励与调动企业知识产权开发人员的积极性

员工特别是高素质的科技人员是企业知识产权开发的主体，作为企业最重要、最具创造性的资源，如何科学地开发与激励他们的积极性，鼓励知识产权成果的产出，是企业知识产权开发工作的最为亟待解决的问题。具体有以下措施：第一，建设适应企业自主创新的企业文化和激励创新的分配机制，企业制定《知识产权奖励办法》，公司对因职务发明取得专利权的员工，依照专利法及其实施细则的有关规定，给予发明人相应的物质奖励。第二，采用"项目制"给予知识产权开发人员一定的自主权，在企业中引入竞争机制，对知识产权开发人员的知识产权成果进行评审，重点选择那些市场潜力大，效益高的成果予以扶持进行产品化及市场化转换，并由知识产权成果的发明人充当"项目经理"，全权负责市场化过程。

10.2.1.3　加强企业知识产权信息管理系统建设

企业知识产权信息管理是企业知识产权管理工作的基础，为了更有针对性进行知识产权开发，企业应逐步建立与完善自身的知识产权信息系统。通过企业知识产权信息系统，对待开发知识产权项目所属技术领域、国内外知识产权技术进行跟踪检索，全面、系统地收集、整理、研究和利用知识产权情报信息，确保企业知识产权开发的准确定位。做到在知识产权研发、生产、销售的各个阶段都要进行全面的知识产权检索和检验，以防止盲目开发，避免侵犯他人的知识产权，同时尽早发现他人侵犯本企业自主知识产权的行为。其中，企业知识产权信息管理系统有两大组成部分不可或缺：第一，专利信息数据库，专利信息数据库通过对专利信息的深层次的价值挖掘、技术标注形成的智慧结晶和综合应用服务，为企业技术研发与专利战略研究提供强有力的支撑；第二，技术领域专利池。专利池由专利权人组成的专利许可交易平台，平台上专利权人之间进行横向许可。

10.2.2　加强珠三角地区制造业企业知识产权的保护管理

10.2.2.1　企业要及时开展知识产权的申请工作

近年来，珠三角地区制造业企业逐步加大了技术创新与知识产权开发的力度，取得了一定的市场效益。但是，企业知识产权成果（特别是专利申请数）与研发投入的增长不成比例。这其中就出现了制造业企业中一个比较常见的现象：企业重视创新投入，也重视新产品的市场效益，但是对于创新的直接产出（如实用新型、外观、发明专利）的保护措施不够或不及时，往往是等到整个技术创新过程结束，即知识产权市场价值开始实现时，才着手进行知识产权申请工作。事实上，任何技术创新不申请专利保护，即便是国家对技术成果授予至高奖项，也不能保护其技术成果，必须通过申请专利取得专利保护。也就是说，企业要确保其创新全过程收益，必须及时构筑其法律层面的保护网，即第一时间进行专利申请并获得专利授权。另外，具体到知识产权申请工作的有效开展，相关部门要与知识产权部门及中介机构的沟通协调，指导发明人挖掘创新点并选定适宜的保护范围，负责协助研究人员和技术人员取得知识产权，保护公司权利，管理公司有效专利。

10.2.2.2 加强与完善企业知识产权管理人才队伍的建设

企业知识产权管理是一项复杂的、多阶段地系统工作，该项工作要求具有不同专业知识结构的员工协调配合工作，实现知识产权管理的协同效应。对于珠三角地区制造业企业来说，其知识产权管理人员由高层管理者、市场人员、知识产权事务人员、法律人员和技术人员组成。不同人员在整个知识产权管理中，发挥着各不相同的作用，却又相互配合地工作。高层管理人员作为知识产权管理团队的领导，处于团队金字塔的顶端，其主要着手于企业知识产权战略的规划与制定；市场人员作为知识产权管理团队的基础与终端人员，其主要负责收集市场上关于知识产权产品的现状和未来发展趋势的信息，服务于高层管理者制定企业知识产权战略；知识产权事务人员是知识产权管理团队的日常实务操作人员，其主要负责企业的知识产权日常事务管理，对知识产权相关文献进行检索、分析，为知识产权战略的制定提供数据；法律人员是知识产权管理团队的专业法务处理人员，其主要负责专利、商标以及版权等的申请，知识产权贸易合同的订立和有关知识产权法律纠纷的处理；技术人员是知识产权管理团队的核心人员，其主要负责从技术角度出发选取对企业最有利的技术研发方向[263]。

10.2.3 加强珠三角地区制造业企业知识产权的运营管理

10.2.3.1 完善珠三角地区制造业企业知识产权运营机制

企业进行知识产权管理的终极目标就是获得超额创新利润，这也是企业知识产权运营管理阶段的首要工作，为此，有效的企业知识产权运营管理必须是在充分了解市场客户需求的前提下进行的，知识产权成果的顺利产品化与产业化是其根本。珠三角地区制造业企业知识产权运营管理最为本质的任务就是在遵循知识产权制度的情况下把握知识产权的特性和功能，以最小的代价来获得更大市场。只有知识产权转化为商业利润，企业获得更多的资金，进而进行更多的投入，扩大了知识产权开发、运营和保护的生产力。只有具有一定的市场空间的企业能够获得做更好的知识产权管理。一方面，知识产权本身可以作为直接商品在市场上交易，另一方面，知识产权作为企业获得竞争优势的关键要素，最终转化为新商品实现市场价值。

10.2.3.2　加强珠三角地区制造业企业转型升级知识产权管理国际合作

竞争全球化，是企业必须面对的外部现实。企业知识产权管理是一个开放系统，为保持其良好运转，与外部系统环境保持物质、信息的交换是前提。因此，必须意识与努力做好企业知识产权管理的国际化，其根本在于知识产权管理的基本原则与标准范围的普适性。为此，珠三角地区制造业须理解并遵守国际规则，避免由于不了解导致不遵守国际规则侵犯了他人的知识产权，导致遭到其他成员国对本国经济和贸易的交叉报复的行动[264]。与此同时，争取在国际公约和国际组织中加强我国与国际的合作，获得更多对于我国经济发展有利的知识产权内容；其次，珠三角地区制造业企业争取加入行业协会，并与行业协会一起联合更多的企业应对知识产权侵权和纠纷问题。当前，由于知识产权侵权行为跨时域、跨区域甚至跨国界的出现，使得很多势单力薄的珠三角地区制造业企业靠自己是无力维权的。所以珠三角地区制造业企业可以依托行业协会维护自身知识产权权益。

10.3　本章小结

本章为提升珠三角地区制造业企业转型升级知识产权管理系统管理水平的对策研究。结合前文的实证分析结果，本章从政府层面与企业层面两个方面有针对性地提出了对策。

结　　论

本书在借鉴、融合、提炼国内外关于制造业企业转型升级与知识产权管理研究成果的基础上，对珠三角地区制造业企业转型升级知识产权管理系统进行理论分析与实证研究。第一，为本书的绪论部分，主要阐述本书研究的背景、目的和意义，分析相关研究领域的国内外研究现状，并对其进行梳理、归纳和评述；介绍本书研究思路和研究方法及本书的创新之处。第二，介绍了本书的理论基础，主要涵盖知识产权管理理论、技术创新理论、产业（企业转型）升级理论与系统理论。第三，从珠三角地区制造业概况及珠三角地区制造业转型升级面临的挑战介绍了珠三角地区制造业发展的基本情况。第四，从知识产权开发管理、保护管理与运营管理等三个方面分析珠三角地区制造业企业知识产权管理活动现状，并阐述其存在的突出问题。第五，对珠三角地区制造业企业转型升级知识产权管理系统进行构建，分析其内涵与特征，并重点阐述其三个构成子系统：知识产权开发管理子系统、保护管理子系统、运营管理子系统，并将三个子系统视为三个单摆，从三摆耦合机理分析子系统间的关联关系。第六，对珠三角地区制造业企业转型升级知识产权管理系统运行机制进行分析，主要包括耦合机制、动力机制两个方面。第七，构建珠三角地区制造业企业转型升级知识产权管理系统运行效果评价指标体系，运用基于微粒群算法定权改进 TOPSIS 法的评价模型对珠三角地区制造业企业转型升级知识产权管理系统的运行效果进行实证评价；第八，运用面板数据模型考察了知识产权管理在技术创新驱动珠三角地区制造业企业转型升级中的影响及作用机制；第九，运用面板数据模型考察了知识产权管理对珠三角地区制造业企业转型升级促进经济绿色增长转型的影响及作用机制，以此来验证构建珠三角地区制造业企业转型升级知识产权管理系统的必要性；第十，结合实证分析结果，提出提升珠三角地区制造业企业转型升级知识产权管理水平的对策。通过本书的研究工作主要得出了如下结论：

（1）系统阐述了珠三角地区制造业企业转型升级知识产权管理系统内涵与结构。本书认为，珠三角地区制造业企业转型升级知识产权管理系统是为提升对产业核心知识与关键技术的控制力，保障珠三角地区产业知识交易、知识产权保护、知识成果商业实现等活动顺利推进的管理系统，它在服务于国家与区域层面发展政策的同时指导着珠三角地区产业的知识产权开发、保护和运营等各项知识产权管理活动的顺利推进。珠三角地区制造业企业转型升级知识产权管理系统由知识产权开发管理子系统、保护管理子系统及运营管理子系统等3个相互关联的子系统构成。

（2）阐述了珠三角地区制造业企业转型升级知识产权管理系统的运行机制。珠三角地区制造业企业转型升级知识产权管理系统的运行机制主要有耦合机制与动力机制两个方面。其中，耦合机制包括内部耦合和外部耦合，内部耦合又包括企业内部耦合、企业间耦合和子系统间耦合；动力机制的构成因素包含企业内在需求、政府行为的作用、知识经济发展的需求和自主创新需求四个方面。

（3）运用基于微粒群算法定权的改进 TOPSIS 法对珠三角地区制造业企业转型升级知识产权管理系统运行效果进行评价。采用逐层细分的方法构建了珠三角地区制造业企业转型升级知识产权管理系统运行效果评价指标体系，并通过基于微粒群算法定权的改进 TOPSIS 以珠三角地区 9 个地市为研究对象，对珠三角地区制造业企业转型升级知识产权管理系统运行效果进行评价；实证结果表明：珠三角地区制造业企业转型升级知识产权管理系统运行效果的排名依次是：深圳、广州、佛山、中山、东莞、惠州、珠海、江门、肇庆。珠三角地区各城市制造业企业转型升级知识产权管理系统运行效果与各城市的经济发展情况存在一定的联系，但二者并没有绝对的正比关系。

（4）从知识产权管理的角度，研究技术创新推动下的制造业产业升级问题。首先，将知识产权管理、技术创新与产业（企业转型）升级纳入同一框架下来系统分析，并设定面板数据模型，在此基础上，选择变量衡量指标及测算方法。然后，运用2004～2013年广东省21个地市（具体细分为珠三角地区、东翼地区、西翼地区、粤北山区四大区域板块）的工业面板数据，考察知识产权管理在技术创新驱动制造业企业升级中的影响及作用机制，并对实证研究结果进行分析。研究结果表明：第一，制造业技术创新绩效的提高显著地促进了广东省制造业产业升级；第二，知识产权管理与技术创新绩效二者间的协同效应有利于广东省制造业产业升级；第三，分区域的检验结果表明对于珠三角地区制造业而言，知识产权管理对产业升级具有显著的正向影响。

（5）从知识产权管理的角度，研究制造业企业转型升级作用下的经济绿色增长转型问题。通过设定面板数据模型，将知识产权管理、产业（企业转型）升级与经济绿色增长纳入同一框架下来系统分析，并选择变量衡量指标及测算方法。在此基础上，运用2004～2013年广东省21个地市（具体细分为珠三角地区、东翼地区、西翼地区、粤北山区四大区域板块）的工业面板数据，考察知识产权管理、制造业企业转型升级对绿色经济增长的影响，并对实证研究结果进行分析。研究结果表明：第一，制造业企业升级对广东省制造业绿色增长有显著的促进效应；第二，知识产权管理虽然不能直接促进广东省制造业绿色增长，但却在制造业企业升级中介效应下，间接对广东省制造业绿色增长有促进作用。

（6）从政府层面与企业层面两个方面有针对性地提出了提升珠三角地区制造业企业转型升级知识产权管理系统管理水平的对策。具体在政府层面，主要涉及建立健全知识产权法律法规体系、完善政府首购和采购国产装备的政策法规、加强制造业共性技术研究开发、掌握自主知识产权、加快知识产权服务支撑体系建设等方面；微观企业层面，主要涉及从加强企业知识产权开发管理、保护管理、运营管理三个方面。

参 考 文 献

［1］金云. 经济危机背景下中小企业的知识产权战略探究［J］. 法制与经济（下旬），2012（5）：11 – 15.

［2］赵弘，张静华. 以总部经济模式推动沿海地区制造业转型升级研究［J］. 宁波大学学报（人文科学版），2012（1）：71 – 75.

［3］Porter M E. Technology and competitive advantage［J］. Journal of Business Strategy，1985，5（3）：60 – 78.

［4］Smith A. An Inquiry into the Nature and Causes of the Wealth of Nations［M］. 1776.

［5］Hoffmann W S，T D Industrialisierung. Ein Beitrag quantitativen Analyse historischer Wirtschaftsprozesse［M］. Jena：Verlag von Gustav Fischer，1931.

［6］Chenery H B. Industrialization and Growth：The Experience of Large Countries［M］. Washington D. C：The World Bank，1986.

［7］Porter M E. The Competitive Advantage of Nations［M］. New York：The Free Press，1990.

［8］Tolentino P E E. Technological innovation and third world multinationals［M］. London，1993.

［9］Gereffi. G. International Trade and Industrial Upgrading in the Apparel Commodity Chains［J］. Journal of International Economics，1999，48：37 – 70.

［10］Poon T S – C. Beyond the global production networks：A case of further upgrading of Taiwan's information technology industry［J］. International Journal of Technology and Globalization, 2004, 1 (1): 130 – 144.

［11］ Pipkin S. The Institutional Switchmen of Industrial Upgrading: Observations from Apparel Manufacturing in Guatemala and Colombia ［J］. Social Science Electronic Publishing, 2008 (4): 34 – 48.

［12］ Kuznets S S. Quantitative Aspects of the Economic Growth of Nations: X. Level and Structure of Foreign Trade: Long – Term Trends ［J］. Economic Development and Cultural Change, 1967, 15 (2): 1 – 140.

［13］ 周彩红. 产业价值链提升路径的理论与实证研究——以长三角制造业为例 ［J］. 中国软科学, 2009 (7): 163 – 171.

［14］ 阮建青, 张晓波, 卫龙宝. 危机与制造业产业集群的质量升级——基于浙江产业集群的研究 ［J］. 管理世界, 2010 (2): 69 – 79.

［15］ 孔善右, 唐德才. 江苏省制造业可持续发展能力的实证研究 ［J］. 中国软科学, 2008 (9): 156 – 160.

［16］ Berman Eli, J Bound, Z Griliches. Changes in the Demand For Skilled Labor Within U. S. Manufacturing Industries: Evidence from the Annual Survey of Manufacturing. ［J］. Quarterly Journal of Economics, 1994, 109 (2): 367 – 398.

［17］ Machin S, R J VAN. Technology and Changes in Skill Structure: Evidence from Seven OECD Countries ［J］. Quarterly Journal of Economics, 1998, 113 (4): 1215 – 1244.

［18］ Zhu J. Industrial Property and Structure Change of Manufacturing: Arelative cost Analysis ［J］. Review of Urban & Regional Development Studies, 2000, 12 (1): 2 – 16.

［19］ 陈爱贞, 刘志彪, 吴福象. 下游动态技术引进对装备制造业升级的市场约束——基于我国纺织缝制装备制造业的实证研究 ［J］. 管理世界, 2008 (2): 72 – 81.

［20］ 吴德进. 产业集群的组织性质: 属性与内涵 ［J］. 中国工业经济, 2004 (7): 14 – 20.

［21］ Kuznets S S. Economic Growth of Nations: Total Output and Production Structure ［M］. Chicago：University of Chicago Press，1971.

［22］ Leontief W. Quantitative input-output relations in the economic system of the United States ［J］. Review of Economic and Statistics，1936，18 （3）：105 – 125.

［23］ Hatani F. The logic of spillover interception：The impact of global supply chains in China ［J］. Journal of World Business，2009，44 （2）：158 – 166.

［24］ 李博，曾宪初. 工业结构变迁的动因和类型——新中国60 年工业化历程回顾 ［J］. 经济评论，2010 （1）：50 – 57.

［25］ 胡军，陶锋，陈建林. 珠二角 OEM 企业持续成长的路径选择——基于全球价值链外包体系的视角 ［J］. 中国工业经济，2005 （8）：42 – 49.

［26］ 吴友富，章玉贵. 中国自主品牌制造业的品牌升级路径 ［J］. 上海管理科学，2008 （2）：9 – 12.

［27］ 盛亚，王松，裘克寒. 制造业技术转型模式的实证研究：以浙江为例 ［J］. 科学学研究，2011，29 （5）：692 – 706.

［28］ 戴勇. 传统制造业转型升级路径、策略及影响因素研究——以制鞋企业为例 ［J］. 暨南学报：哲学社会科学版 ［J］. 2013 （11）：57 – 62.

［29］ 孔令夷，楼旭明，贾卫峰. 我国通信电子设备制造业转型升级路径与模式 ［J］. 科技管理研究，2014 （19）：71 – 77，87 .

［30］ Chenery H B. Patterns of industrial growth ［J］. The American Economic Review，1960，50 （4）：624 – 654.

［31］ Ernst D. Global Production Networks and Industrial upgrading – A Knowledge – Centered Approach；proceedings of the Economics Study Area Working Papers 25，2001 ［C］. Economics Study Area.

［32］ 李作战. 全球产业转移背景下如何实现从“中国制造”到“中国创造”［J］. 企业经济，2007 （4）：36 – 38.

［33］ 赵文成，赵红. 基于产业价值链的我国制造业竞争战略研究

[J]. 中国工程科学, 2008 (9): 54 – 59.

[34] Brusoni S, M G Jacobides, Prencipe A. Strategic dynamics in industry architectures and the challenges of knowledge integration [J]. European Management Review, 2009, 6 (4): 209 – 216.

[35] 吴义爽, 徐梦周. 制造企业"服务平台"战略、跨层面协同与产业间互动发展 [J]. 中国工业经济, 2011, 284 (11): 48 – 58.

[36] 刘明宇, 芮明杰, 姚凯. 生产性服务价值链嵌入与制造业升级的协同演进关系研究 [J]. 中国工业经济, 2010 (8): 66 – 75.

[37] 蔡旺春, 李光明. 中国制造业升级路径的新视角: 文化产业与制造业融合 [J]. 商业经济与管理, 2011 (11): 58 – 63.

[38] 邓向荣, 曹红. 产业升级路径选择: 遵循抑或偏离比较优势——基于产品空间结构的实证分析 [J]. 中国工业经济, 2016 (2): 52 – 67.

[39] 张其仔. 比较优势的演化与中国产业升级路径的选择 [J]. 中国工业经济, 2008 (9): 58 – 68.

[40] 张学敏, 王亚吃. 我国制造业企业价值链升级对策研究 [J]. 现代管理科学, 2008 (8): 73 – 74.

[41] 宋巍, 顾国章. 关于我国制造业产业升级路径的考察 [J]. 商业时代, 2009 (18): 103 – 104.

[42] 张彬, 桑百川. 中国制造业参与国际分工对升级的影响与升级路径选择——基于出口垂直专业化视角的研究 [J]. 产业经济研究, 2015 (5): 12 – 20.

[43] Moreno L. The determinants of Spanish industrial exports to the European Union [J]. Applied Economics, 1997, 29 (6): 723 – 732.

[44] 王仁曾. 产业国际竞争力决定因素的实证研究——进展、困难、模型及对中国制造业截面数据的估计与检验 [J]. 统计研究, 2002 (4): 20 – 24.

[45] Rainer V H, D B Saurav. Method for identifying local and domestic industrial clusters [J]. The Industrial Geographer, 2007, 4 (2): 1 –

27.

　　［46］卢戎，于丽英．基于投入产出表的区域价值链集群识别研究——以上海为例［J］．运筹与管理，2011，20（5）：103-112.

　　［47］张明志，李敏．国际垂直专业化分工下的中国制造业产业升级及实证分析［J］．国际贸易问题，2011（1）：118-128.

　　［48］杨洪焦，孙林岩．中国制造业结构的演进特征分析及其趋势预测［J］．科研管理，2009，30（5）：61-68.

　　［49］Midelfart-Knarvik K H, et al. The location of European Industry ［M］. Commission of the European Communities, 2000.

　　［50］郑海涛，任若恩．中国制造业国际竞争力的比较研究——基于中国和德国的比较［J］．中国软科学，2004（10）：59-64.

　　［51］Rudi Bekkers. Intellectual property rights, technology agreements and market structure. The case of GSM ［J］. Research Policy, 2002（31）: 1141-1161.

　　［52］Benjam, Fabienne Orsi, Establishing a new intellectual property rights regime in the United States origins, content and problems ［J］. Research Policy, 2002（31）: 1491-1507.

　　［53］Stephanie Monjon, Patrick Waelbroeck. Assessing spill-over from universities to firms: Evidence from French firm-level data ［J］. International Journal of Industrial Organization, 2003（21）: 255-270.

　　［54］Holger Kollmer, Michael Dowling. Licensing as a commercialization strategy for new technology-based firms ［J］. Research Policy, 2004（33）: 1141-1151.

　　［55］Ryan. M P. Patent Incentives, Technology Markets and Public-Private Bio-Medical Innovation Networks in Brazil ［J］. World Development, 2010（10）: 1082-1093.

　　［56］O'Brien CJ, Smart HL. Familial coexistence of achalasia and non-achalasic oesophageal dysmotility: evidence for a common pathgenesis ［J］. Gut, 1992（33）: 1421-1423.

[57] Yum K. Kwan, Edwin L. C Lai, Intellectual Property Rights Protection and Endogenous Economic Growth [J]. Journal of Economic Dynamics & Control, 2003 (27): 853 - 873.

[58] Peicheng Liao, Karyiu Wong. R&D subsidy, intellectual property rights protection, and North - South trade: How good is the TRIPS agreement? [J]. Japan and the World Economy, 2009 (3): 191 - 201.

[59] Ulrich Lichtenthaler. The role of corporate technology strategy and patent portfolios in low, medium and high-technology firms [J]. Research Policy, 2009 (4): 559 - 569.

[60] Lai, Edwin L. C. Yan, Isabel K. M. Would global patent protection be too weak without international coordination? [J]. Issue Date, Summary, 2011 (7): 42 - 54.

[61] Trajtenberg, Manuel. Innovation in Israel 1968 - 1997: a comparative analysis using patent data [J]. Research Policy, 2001, 30 (3): 363 - 389.

[62] Hicks, Diana; Breitzman, Tony; Olivastro, Dominic; Hamilton, Kimberly The changing composition of innovative activity in the USA portrait based on patent analysis [J]. Research Policy, 2001 (30): 681 - 703.

[63] Kingston, William. Innovation needs patents reform [J]. Research Policy, 2001 (3): 403 - 423.

[64] Stephen C. Glazier Patent Strategies for Business [M]. 3rd edition, Washington DC, LBI, 2000.

[65] Knut Blind, et al.. Motives to patent: Empirical evidence from Germany [J]. Research Policy, 2006, 35 (5): 655 - 672.

[66] Markus Reitzig, Stefan Wagner. The hidden costs of outsourcing: evidence from patent data [J]. Strategic Management Journal, 2010, 31 (11): 1183 - 1201.

[67] 陈丽. 中国海关知识产权边境保护与 WTO 知识产权协议的

比较及发展方向 [J]. 南方经济, 2002 (12): 53 - 56.

　　[68] 田文英, 潘峰. 知识产权框架下基因资源利益分享法律制度构建 [J]. 中国科技论坛, 2006 (1): 97 - 101.

　　[69] 陈宗波. 建立我国生物资源知识产权制度的基本构想 [J]. 重庆工学院学报 (社会科学版), 2008 (1): 9 - 12.

　　[70] 王晓云, 唐子艳. 知识产权滥用防止机制研究 [J]. 江西科技师范学院学报, 2009 (12): 11 - 16.

　　[71] 萧延高, 范晓波. 知识产权 [M]. 科学出版社, 2010.

　　[72] 宋柏慧, 王渊. 知识产权扩张——知识产权滥用的新界定 [J]. 科学管理研究, 2011, 29 (6): 64 - 67.

　　[73] 董新凯. 国家知识产权战略视角下的反垄断法实施 [J]. 江苏社会科学, 2013 (4): 132 - 137.

　　[74] 王艳丽, 吴一鸣. 知识产权质押融资法律制度研究 [J]. 湖北社会科学, 2013 (10): 156 - 161.

　　[75] 汤亮. 中国实施知识产权战略的法治研究 [J]. 湖南科技学院学报, 2014 (1): 121 - 122.

　　[76] 萨楚拉. 中国传统医药知识产权保护法律制度研究 [J]. 中国科技论坛, 2015 (3): 135 - 140.

　　[77] 张帆, 卫学莉, 姜晶波, 邹路琦. 传统中医药知识产权的法律保护现状分析研究 [J]. 中国卫生法制, 2016 (2): 3 - 8.

　　[78] 刘斌, 陶丽琴. 移动网络交易平台知识产权风险防范法律体系研究 [J]. 法律适用, 2017 (1): 23 - 28.

　　[79] 陈昌柏. 世界信息技术协议 (WITA) 及我国 IT 产品出口现状分析 [J]. 北京航空航天大学学报: 社会科学版, 1999 (3): 101 - 107.

　　[80] 厉宁. 国家专利发展战略与国际竞争力关系研究 [J]. 科学技术与辩证法, 2002 (6): 67 - 73.

　　[81] 李灵稚, 宗永建. 国外对华知识产权战略及对策分析 [J]. 南通工学院学报, 2003 (4): 38 - 40.

［82］周昕．论统筹国家知识产权战略与地方知识产权战略［J］．中国科技论坛，2006（5）：13－17．

［83］顾华详．论实施国家知识产权战略的若干问题［J］．湖南财政经济学院学报，2012（3）：5－14．

［84］黄亦鹏，魏国平，尹怡然．区域创新、产业集群发展与知识产权战略研究［J］．科技管理研究，2014（21）：143－146．

［85］中国高技术产业发展促进会知识产权战略研究课题组．中国制造业在逐步向美国迁徙——部署和保护美国专利有可能成为中国企业最重要的知识产权战略之一［J］．科技促进发展，2014（5）：76－79．

［86］李顺德．知识产权战略——创新驱动发展的重要抓手［J］．中国科学院院刊，2014（9）：537－547．

［87］邓艺，胡允银，张虹霞．国家知识产权战略与形象多层级共同演化机理［J］．云南社会科学，2014（4）：146－148．

［88］孙捷，姚云，刘文霞．中外专利标准化知识产权战略的分析与研究——以中、美、欧、日的知识产权战略为例［J］．中国标准化，2017（2）：30－34．

［89］毕春丽，潘峰．信息产业标准与知识产权战略及其对策研究［J］．中国软科学，2006（8）：49－57．

［90］郭建平，魏纪林．关于我国企业商标战略措施的基本思考［J］．知识产权，2010（5）：49－53．

［91］丛立先．我国文化产业的知识产权战略选择［J］．政法论丛，2011（3）：78－83．

［92］詹映，温博．行业知识产权战略与产业竞争优势的获取——以印度软件产业的崛起为例［J］．科学学与科学技术管理，2011（4）：98－104．

［93］王海燕．武汉城市圈文化创意产业知识产权战略分析［J］．科技进步与对策，2011（11）：59－62．

［94］魏国平，黄亦鹏，李华军．战略性新兴产业发展中的知识产权战略研究［J］．科技管理研究，2013（12）：164－166．

[95] 史贞. 知识产权战略：新兴产业发展的新环境与新动力 [J]. 理论与改革，2014 (5)：11–16.

[96] 徐雨森. 基于知识产权战略的工业企业核心能力培育 [J]. 研究与发展管理，2003 (1)：69–73.

[97] 吕文举. 跨国集团在华知识产权战略研究 [J]. 科技与法律，2006 (1)：48–54.

[98] 冯晓青. 国家知识产权战略视野下我国企业知识产权战略实施研究 [J]. 湖南大学学报：社会科学版，2010 (1)：116–123.

[99] 冯晓青. 企业知识产权战略、市场竞争优势与自主创新能力培养研究 [J]. 中国政法大学学报，2012 (2)：32–46.

[100] 张涛，戴华江. 基于价值创造的我国海洋高科技企业知识产权战略地图研究 [J]. 中国科技论坛，2013 (7)：72–78.

[101] 李培林. 企业知识产权战略定位及战略实施研究 [J]. 科技管理研究，2014 (16)：152–155.

[102] 唐国华，赵锡斌，孟丁. 企业开放式知识产权战略框架研究 [J]. 科学学与科学技术管理，2014 (2)：12–17.

[103] 郭建军. 企业知识产权战略中的矛盾冲突管理 [J]. 知识产权，2014 (11)：64–68.

[104] 冯晓青. 企业知识产权战略协同初论 [J]. 湖南社会科学，2015 (3)：24–28.

[105] 李潭. 军民融合企业知识产权协同管理结构研究 [J]. 科技进步与对策，2016 (12)：119–124.

[106] 张永成，郝冬冬. 开放式创新下的企业知识产权管理策略 [J]. 科技管理研究，2016 (2)：162–167.

[107] 冯晓青. 企业知识产权战略内涵及其价值探析 [J]. 武汉科技大学学报（社会科学版），2017 (4)：209–221.

[108] 陈伟，于丽艳. 我国企业国际化经营知识产权战略系统评价研究 [J]. 科技进步与对策，2007 (12)：136–138.

[109] 唐杰，周勇涛. 企业知识产权战略实施绩效评价研究 [J].

情报杂志，2009（7）：55－60.

［110］郭民生. 知识产权战略实施的综合评价指数［J］. 知识产权，2009（1）：27－34.

［111］洪少枝，尤建新，郑海鳌，邵鲁宁. 高新技术企业知识产权战略评价系统研究［J］. 管理世界，2011（10）：182－183.

［112］赵嘉茜，宋伟，叶胡. 基于链式关联网络的区域知识产权战略实施绩效评价研究——来自中国29个省高技术产业的实证数据［J］. 中国科技论坛，2013（4）：103－108.

［113］陈春晖，王雅利. 区域知识产权战略实施绩效评价指标体系研究［J］. 科技创新与生产力，2014（12）：1－4.

［114］丁涛，刘丽. 基于模糊层次分析（FAHP）的知识产权战略绩效评价研究——以江苏省知识产权战略推进计划为例［J］. 电子科技大学学报：社会科学版，2015（1）：60－63.

［115］唐国华，孟丁. 企业知识产权战略的维度结构与测量研究——基于中国经济发达地区的样本数据［J］. 科学学与科学技术管理，2015（12）：52－61.

［116］陈伟，杨早立，李金秋. 区域知识产权管理系统协同及其演变的实证研究［J］. 科学学与科学技术管理，2016（2）：30－41.

［117］康鑫. 基于最优组合赋权法的高技术产业开放式知识产权管理绩效研究［J］. 科技管理研究，2016（20）：149－156.

［118］郭斌. TPP框架下京津冀知识产权协同管理体系的构建与比较研究［J］. 中央财经大学学报，2017（4）：90－103.

［119］陈伟，刘芳，李传云，李金秋. 基于离差最大化－灰色关联度的工业企业知识产权管理研究［J］. 情报探索，2018（1）：23－28.

［120］Antonelli C Localized technological change and factor markets：constraints and inducements to innovation［J］. Structural Change & Economic Dynamics，2005，17（2）：224－247.

［121］Ngai LR，CA. Pissarides Structural Change in a Multisector Model of Growth American Economic Review，2007，97（1）：429－443.

［122］Acemoglu D，Guerrieri V. Capital Deepening and Nonbalanced Economic Growth ［J］. Journal of Political Economy，2008，116（3）：467 – 498.

［123］Barrett CW，Musso CS，Padhi A. Upgrading R&D in a down-turn ［J］. The Mckiney Quarterly，2009（1）：1 – 3.

［124］Malerba F. Innovation and the dynamics and evolution of indus-tries：Progress and challenges ［J］. International Journal of Industrial Organi-zation，2011，25（4）：675 – 699.

［125］Russu C. Structural Changes Produced in the Romanian Manufac-turing Industry in the Last Two Decades ［J］. Procedia Economics & Finance，2015，22：323 – 332.

［126］赵惠芳，牛姗姗，徐晟，杨昌辉. 基于技术创新的我国制造业产业结构升级 ［J］. 合肥工业大学学报（自然科学版），2008（9）：1485 – 1488.

［127］徐康宁，冯伟. 基于本土市场规模的内生化产业升级：技术创新的第三条道路 ［J］. 中国工业经济，2010（11）：58 – 67.

［128］周永涛，钱水土. 金融发展、技术进步与对外贸易产业升级 ［J］. 广东商学院学报，2012（1）：44 – 55.

［129］辛娜. 技术创新对产业升级的作用机理分析——基于空间计量经济模型 ［J］. 企业经济，2014（2）：41 – 44.

［130］丁一兵，傅缨捷，曹野. 融资约束、技术创新与跨越"中等收入陷阱"——基于产业结构升级视角的分析 ［J］. 产业经济研究，2014（3）：101 – 110.

［131］罗丽英，齐月. 技术创新效率对我国制造业出口产品质量升级的影响研究 ［J］. 国际经贸探索，2016（4）：37 – 50.

［132］林春艳，孔凡超. 技术创新、模仿创新及技术引进与产业结构转型升级——基于动态空间 Durbin 模型的研究 ［J］. 宏观经济研究，2016（5）：106 – 118.

［133］郑秋锦，孔德议. 许安心技术创新与产业升级：基于福建省

先进制造业的实证研究［J］. 东南学术，2017（2）：156 – 162.

［134］陶长琪，彭永樟. 经济集聚下技术创新强度对产业结构升级的空间效应分析［J］. 产业经济研究，2017（3）：91 – 103.

［135］M Peneder. "Structural Change and Aggregate Growth", WIFO Working Paper［M］. Austrian Institute of Economic Research，Vienna. 2002.

［136］黄茂兴，李军军. 技术选择、产业结构升级与经济增长［J］. 经济研究，2009（7）：143 – 151.

［137］高洋. 产业结构升级与经济增长方式转变：机制和路径［J］. 哈尔滨商业大学学报：社会科学版，2010（3）：70 – 73.

［138］干春晖，郑若谷，余典范. 中国产业结构变迁对经济增长和波动的影响［J］. 经济研究，2011（5）：4 – 16.

［139］牛凯. 我国农村产业结构偏离对农村经济增长影响的实证分析［J］. 中国农业大学学报，2012，17（1）：182 – 188.

［140］刘广斌. 金融发展、产业升级与经济增长——基于 VAR 的实证研究［J］. 金融与经济，2013（11）：26 – 27.

［141］王智勇. 产业结构、城市化与地区经济增长——基于地市级单元的研究［J］. 产业经济研究，2013（5）：23 – 34.

［142］田银华，邝嫦娥. 湖南省产业结构升级与经济增长关系的实证研究——基于 1978 ~ 2012 年数据［J］. 湘潭大学学报：哲学社会科学版，2014（6）：50 – 53.

［143］王辉. 产业结构升级与经济增长关系的实证研究［J］. 统计与决策，2014（16）：138 – 140.

［144］周佩. 广东省产业结构变迁对经济增长影响分析［J］. 商业经济研究，2015（8）：141 – 143.

［145］徐辉，李宏伟. 丝绸之路经济带市域经济增长与产业结构变化［J］. 经济地理，2016（11）：31 – 37.

［146］李翔，邓峰. 中国产业结构优化对经济增长的实证分析［J］. 工业技术经济，2017（2）：3 – 9.

［147］Kwan, F. Lai, E. Intellectual Property Rights and Endogenous

Economic Growth ［J］. Journal of Economic Dynamics and Control, 2003 (27): 853 –73.

［148］ E Dinopoulos, C Kottaridi The Growth Effects of National Patent Policies ［J］. Review of International Economics, 2008, 16 (3): 499 –515.

［149］ Joel Mokyr. Intellectual Property Rights, the Industrial Revolution, and the Beginnings of Modern Economic Growth ［J］. American Economic Review, 2009 (99): 349 –355.

［150］ Theo S. Eicher, Monique Newiak. Intellectual property rights as development determinants ［J］. Canadian Journal of Economics, 2013, 46 (1): 4 –22.

［151］ 吴凯，蔡虹，Gary H Jefferson. 知识产权保护对经济增长的作用研究 ［J］. 管理科学，2012 (3): 102 –111.

［152］ 王佳琪. 知识产权保护、经济增长与我国中等收入陷阱 ［J］. 金融经济：下半月，2013 (11): 10 –13.

［153］ 知识产权保护能促进经济增长吗？——基于中国省级面板数据的实证分析 ［J］. 产经评论，2014 (4): 105 –116.

［154］ 陈恒，侯建. 知识产权保护与经济增长关系中"门限效应"的实证研究 ［J］. 统计与决策，2016 (24): 96 –99.

［155］ 池建宇，顾恩澍. 知识产权保护、经济增长与经济收敛——基于面板门槛模型的实证分析 ［J］. 经济与管理评论，2017 (4): 12 –17.

［156］ 赵喜仓，张大鹏. 加强知识产权保护会促进经济增长吗？ ［J］. 经济问题，2018 (3): 19 –23.

［157］ Helpman E. Innovation, imitation, and intellectual property rights ［J］. Econometrica, 1993, 61 (6): 1247 –1280.

［158］ DM Gould, WC Gruben. The role of intellectual property rights in economic growth ［J］. Journal of Development Economics, 1996, 48 (2): 323 –350.

［159］ Puga, Diego & Trefler, Daniel,. "Wake up and smell the ginseng： International trade and the rise of incremental innovation in low-wage countries ［J］. Journal of Development Economics，Elsevier，2010，91（1）： 64 – 76.

［160］ 郑琴琴. 知识产权保护对经济增长的影响——基于中国省级面板数据的实证分析 ［J］. 商场现代化，2016（13）：242 – 243.

［161］ Rod Falvey，Neil Foster，and David Greenaway，Intellectual Property Rights and Economic Growth ［J］. Review of Development Economics，2006，10（4）：700 – 719.

［162］ PZ Janjua，G Samad . Intellectual property rights and economic growth： The case of middle income developing countries ［J］. The Pakistan Development Review，2007，46（4）：711 – 722.

［163］ John Hudson，Alexandru Minea. Innovation，Intellectual Property Rights，and Economic Development： A Unified Empirical Investigation ［J］. World Development，2013，46（1）：66 – 78.

［164］ 余长林 知识产权保护与发展中国家的经济增长 ［J］. 厦门大学学报：哲学社会科学版，2010（2）：51 – 57.

［165］ 张先锋，陈琦. 知识产权保护的双重效应与区域经济增长 ［J］. 中国科技论坛，2012（9）：105 – 111.

［166］ 林秀梅，孙海波，王丽敏. 知识产权保护对经济增长的技术差距门槛效应——基于中国省际面板数据的经验分析 ［J］. 当代经济研究，2015（12）：37 – 45.

［167］ 李静晶，庄子银. 知识产权保护对我国区域经济增长的影响 ［J］. 科学学研究，2017（4）：557 – 564.

［168］ 王军，刘鑫颖. 知识产权保护与中国经济增长相关性的实证研究 ［J］. 经济与管理研究，2017（9）：15 – 25.

［169］ 顾晓燕. 论知识产权创造对区域经济增长的影响——基于省际数据的检验 ［J］. 南京社会科学，2011（12）：139 – 143.

［170］ 顾晓燕，严文强. 知识产权创造与高技术产业增长互动效应研究 ［J］. 科技进步与对策，2013（24）：139 – 142.

[171] 王正志，袁祥飞. 知识产权对经济增长的贡献——基于北京市和广东省的实证分析 [J]. 知识产权，2014（12）：60 - 64.

[172] 王亚星，周方. 开放经济体中知识产权与经济增长关系的实证分析 [J]. 重庆大学学报：社会科学版，2015（1）：61 - 68.

[173] 丁涛，盖锐，顾晓燕. 我国知识产权市场发展与经济增长关系实证分析——基于 1992 ~ 2013 年的数据 [J]. 经济体制改革，2015（5）：37 - 45，97.

[174] 曾鹏，赵聪. 知识产权对经济增长的影响——以专利和版权为例 [J]. 统计与信息论坛，2016（4）：58 - 66.

[175] Edwin, Mansfield, Intellectual property protection, Foreign Direct Investment and Technology Transfer [J]. World Bank, 1994, 78（78）：181 - 86.

[176] 陈宇峰，曲亮. 知识产权保护的负面效应与发展中国家的回应性政策研究 [J]. 国际贸易问题，2005（11）：123 - 127.

[177] 顾国达，陈丽静. 技术创新、知识产权保护对中国进口商品结构的影响——基于 1986 ~ 2007 年时间序列数据的实证分析 [J]. 国际贸易问题，2011（5）：14 - 21.

[178] 柒江艺，许和连. 行业异质性、适度知识产权保护与出口技术进步 [J]. 中国工业经济，2012（2）：79 - 88.

[179] 朱树林. 知识产权保护对我国出口商品结构的影响研究 [J]. 湖南大学学报（社会科学版），2013（2）：61 - 67.

[180] 周游. 外商直接投资、知识产权保护与出口产业结构调整——基于联立方程和 VAR 模型实证分析 [J]. 软科学，2014（11）：40 - 44.

[181] 杨珍增. 知识产权保护、国际生产分割与全球价值链分工 [J]. 南开经济研究，2014（10）：130 - 153.

[182] 吴汉东. 新常态下应大力推动知识产权产业化 [N]. 中国知识产权报，2015 - 03 - 20.

[183] 林秀梅，孙海波. 中国制造业出口产品质量升级研究——基

于知识产权保护视角［J］. 产业经济研究 2016（3）：21－30.

［184］祝树金，黄斌志，赵玉龙. 市场竞争、知识产权保护与出口技术升级——基于我国工业行业的实证研究［J］. 华东经济管理，2017（4）：5－11，2.

［185］薄晓东，邹宗森. 知识产权保护下的中国外贸转型升级研究［J］. 现代管理科学，2017（7）：58－60.

［186］任红丹. 协同视角下的我国企业知识产权管理研究［D］. 黑龙江大学硕士学位论文，2013：12－19.

［187］罗丹. 中国北车知识产权管理体系研究［D］. 北京交通大学硕士学位论文，2013：11.

［188］张晶晶. 高科技企业知识产权管理评价实证研究［D］. 中北大学硕士学位论文，2014：11－15.

［189］林青石. 技术创新与产业升级协动性国际比较研究［D］. 浙江工业大学硕士学位论文，2013：4.

［190］霍刚·吉吉斯著. 安金辉，南南·伦丁译. 变化中的北欧国家创新体系［M］. 北京：知识产权出版社，2006.

［191］银路. 技术创新管理［M］. 北京：机械业出版社，2004.

［192］叶金国. 技术创新系统自组织论［M］. 北京：中国社会科学院出版社，2006.

［193］朱榕榕. 技术创新与产业升级路径研究［D］. 华东政法大学硕士学位论文，2012：7－9.

［194］陆国庆. 基于信息技术革命的产业创新模式［J］. 产业经济研究，2003（7）：31－37.

［195］Humphrey, J and Schmitz, H. How does inserition in global value chains affect upgrading in industrial clusters［J］. Regional Studies, 2002, 9（36）：1017－1027.

［196］Kaplinsky, R. . The Globalization of Product Marketsand Immiserizing Growth：Lessons from the South African Furniture Industry［J］. World Development, 2002, 30（7）：1159－1177.

[197] 梁楚云. 论企业升级与目标管理 [J]. 经济问题探索, 1991 (4): 37 - 39.

[198] 凌冲. 我国外商投资企业转型升级的战略研究——以广东省外商投资企业为例 [D]. 湖北工业大学硕士学位论文, 2016: 7 - 9.

[199] 于丽艳. 我国企业国际化经营知识产权战略系统研究 [D]. 哈尔滨工程大学博士学位论文, 2008: 28 - 29.

[200] 张志元. 东北地区制造业发展模式转型研究 [D]. 吉林大学博士学位论文, 2011: 17 - 25.

[201] 张华胜, 薛澜. 中国制造业知识特性、规模经济效益比较分析 [J]. 中国工业经济, 2003 (2): 16 - 17.

[202] 顾占波. 珠三角地区制造业与物流业协调发展研究 [D]. 广东工业大学硕士学位论文, 2015: 24 - 26.

[203] 张忠国, 夏川. 需求导向下的产业新城产城空间建构思路——环首都地区 4 个产业新城建设分析与思考 [J]. 城市发展研究, 2018 (3): 138 - 142.

[204] 陈春丽. 关于珠三角制造业发展前景的探讨 [J]. 广东经济, 2011 (9): 18 - 19.

[205] 孙健. 浅谈珠三角制造业转型面临的问题及措施 [J]. 中国商界, 2010 (8): 202.

[206] 杨宁芳, 颜家兵. 珠三角制造业转型升级的挑战及策略研究 [J]. 特区经济, 2011 (9): 29.

[207] 马勇, 孙朝方, 李青. 珠三角劳动密集型企业境况不佳, 低端制造业处低谷 [N]. 羊城晚报, 2012 - 02 - 07.

[208] 赵大平, Tony Fang. 制造业转移方式与污染控制 [J]. 财经问题研究, 2013 (8): 29 - 34.

[209] 珠三角产业与生态环境协调发展的思路及政策建议 [N]. 中国网, 2008 - 07 - 08.

[210] 冯志军. 中国制造业技术创新系统的演化及评价研究 [D]. 哈尔滨工程大学博士学位论文, 2012.

[211] 石勇. 自主知识产权: 振兴装备制造业的关键 [J]. 求是, 2007 (7): 55 - 57.

[212] 张永超. 珠三角地区制造业企业转型升级知识产权管理系统研究 [D]. 哈尔滨工程大学博士学位论文, 2013.

[213] 路甬祥. 侵害知识产权现象仍大量存在 [J]. 创新科技, 2010 (7): 4 - 7.

[214] 徐建华. 对我国高新技术企业知识产权保护的思考 [J]. 山东省农业管理干部学院学报, 2012 (1): 54 - 55.

[215] 罗光宇. TRIPS 条件下我国民营企业知识产权保护的现状及对策 [J]. 湖湘论坛, 2005 (9): 43 - 44.

[216] 闻穗华. 广东省知识产权现状及发展对策研究 [D]. 暨南大学硕士学位论文, 2007.

[217] 杨起全, 吕力之. 美国知识产权战略研究及其启示 [J]. 中国科技论坛, 2004 (3): 102 - 105.

[218] 曹新明. 美日知识产权战略对我国的启示 [J]. 中国高新区. 2009 (3): 102 - 103.

[219] 冯晓青. 美、日、韩知识产权战略之探讨 [J]. 黑龙江社会科学, 2007 (6): 157 - 161.

[220] 易方立, 李冀君. 美国企业知识产权战略及启示 [J]. 内蒙古电大学刊, 2010 (2): 18 - 20.

[221] 朱玉荣. 日本知识产权战略及对我国的启示 [J]. 黑龙江对外经贸, 2009 (2): 66 - 67.

[222] 叶美霞, 曾培芳, 李羊城. 德国知识产权人才培养模式研究及其对我国的启示 [J]. 科学管理研究, 2008 (10): 82 - 85.

[223] 郑有德. 德国知识产权法的演进 [J]. 电子知识产权, 2010 (10): 56 - 58.

[224] 冯涛, 杨惠玲. 德国企业知识产权管理的现状与启示 [J]. 知识产权, 2007 (5): 91 - 96.

[225] 崔伟. 美国知识产权战略特点及对我启示 [J]. 国际技术经

济研究，2004（7）：22－26.

［226］姜真杰，程军.试论信息管理［J］.学术探索，2003（S1）：76－78.

［227］康鑫.中国高技术企业知识产权管理系统研究［D］.哈尔滨工程大学博士学位论文，2012.

［228］李潭，陈伟.纵向视角下区域知识产权管理系统演化的协调度研究——基于复合系统协调度模型的测度［J］.情报杂志，2012（10）：99－105.

［229］陈伟，康鑫，冯志军，田世海.基于知识管理的高技术企业知识产权保护系统协同机制研究［J］.情报杂志，2011（9）：145－148.

［230］陈伟，于丽艳.企业国际化经营知识产权战略系统耦合研究［J］.科学学与科学技术管理，2007（12）：93－97.

［231］徐建中，马瑞先.企业生态化发展的动力机制模型研究［J］.生产力研究，2007（9）：10－15.

［232］陶阳.区域生态工业系统运行机制与生态效率评价研究［D］.哈尔滨工业大学博士学位论文，2009.

［233］于峰.产业集群的政府知识产权管理研究［D］.吉林大学硕士学位论文，2010.

［234］尹航，李柏洲，季晓明.基于自主创新能力提升的军工企业知识产权管理系统研究［J］.中国科技论坛，2010（1）：56－61.

［235］陶爱萍，苏婷婷，汤成成.基于专利分析的安徽省高校科技创新能力研究［J］.合肥工业大学学报（社会科学版），2013（12）：15－20.

［236］林小爱，林小利.欧洲创新计分榜的新进展—对构建我国国家知识产权战略实施绩效评估指标的启示［J］.研究与发展管理，2009（5）：73－80.

［237］蒋玉宏，单晓光.区域知识产权发展和保护绩效评价——指标体系与评价方法［J］.科技进步与对策，2009，26（22）：144－146.

[238] FRANCISNARIN. Patent as indicators for the evaluation of industrial research output [J]. Scientometrics, 1995 (3): 489 – 496.

[239] 王鸣涛, 叶春明. 区域知识产权工作业绩评价指标体系研究 [J]. 科技管理研究, 2010 (21): 47 – 53.

[240] 夏桂梅, 曾建潮. 微粒群算法的研究现状及发展趋势 [J]. 山西师范大学学报 (自然科学版), 2005, 19 (1): 23.

[241] 肖智, 吕世畅. 基于微粒群算法的自主创新能力综合评价研究 [J]. 科技进步与对策, 2008, 25 (4): 122 – 126.

[242] 肖智, 吕世畅. 基于微粒群算法的外贸竞争力建模方法研究 [D]. 硕士学位论文, 2007: 20 – 21.

[243] 肖智, 吕世畅. 基于微粒群算法的西部地区自主创新能力综合评价研究 [J]. 科技管理研究, 2007 (8): 24 – 26.

[244] 杜军. 黑龙江省装备制造企业自主创新支持系统研究 [D]. 哈尔滨工程大学博士学位论文, 2011: 71 – 73.

[245] 韩国元, 陈伟, 冯志军. 企业合作创新伙伴的选择研究——基于微粒群算法定权的改进 TOPSIS 法 [J]. 科研管理, 2014 (2): 119 – 126.

[246] 赵琳, 范德成. 我国装备制造业技术创新能力评价及提升对策研究——基于微粒群算法的实证分析 [J]. 科技进步与对策, 2012 (7): 107 – 112.

[247] 李荣生. 中国高技术产业技术创新能力分行业评价研究——基于微粒群算法的实证分析 [J]. 统计与信息论坛, 2011 (7): 59 – 66.

[248] 张目, 周宗放. 一种基于联系度的改进 TOPSIS 法 [J]. 系统工程, 2008, 26 (8): 102 – 107.

[249] 邓丽娜, 范爱军. 国际技术溢出对中国制造业产业结构升级影响的实证研究 [J]. 河北经贸大学学报, 2014 (4): 96 – 100.

[250] 余姗, 樊秀峰. 自主研发、外资进入与价值链升级 [J]. 广东财经大学学报, 2014 (3): 55 – 63.

［251］倪敬娥. 中国制造业产业升级影响因素的实证分析［D］. 南京财经大学硕士学位论文，2012：25－33.

［252］Fare, R., Grosskopf, S., Norris, M. Zhang, Z.. Productivity growth, technical progress, and efficiency change in industrialized countries［J］. American Economic Review, 1994, 84 (1)：66－81.

［253］代碧波，孙东生，姚凤阁. 我国制造业技术创新效率的变动及其影响因素——基于2001～2008年29个行业的面板数据分析［J］. 情报杂志，2012 (3)：185－191.

［254］白俊红，江可申，李婧. 中国地区研发创新的技术效率与技术进步［J］. 科研管理，2010 (6)：7－18.

［255］杨东奇，杜军. 基于因子分析的黑龙江省装备制造业技术创新能力评价研究［J］. 科技管理研究，2009 (12)：175－177.

［256］涂正革，肖耿. 中国的工业生产力革命—用随机前沿生产模型对中国大中型工业企业全要素生产率增长的分解及分析［J］. 经济研究，2005 (3)：4－15.

［257］吴延兵. 用DEA方法评测知识生产中的技术效率与技术进步［J］. 数量经济技术经济研究，2008 (7)：67－79.

［258］冯志军，陈伟. 我国制造业知识产权保护、技术创新绩效与产业升级研究——基于我国制造业29个行业面板数据的分析［J］. 改革与战略，2015 (5)：138－142，16.

［259］王智新，梁翠. 知识产权司法保护、技术创新绩效与产业升级科学［J］. 管理研究，2016 (1)：22－24，41.

［260］冯志军，陈伟，明倩. 能源环境约束下的中国区域工业研发创新全要素生产率：2001～2011年［J］. 工业技术经济，2013 (9)：87－96.

［261］庄丽娟，胡学冬. 农业龙头企业出口竞争力决定因素与综合评价［J］. 华南农业大学学报（社会科学版），2009 (1)：65－70.

［262］石勇. 自主知识产权：振兴装备制造业的关键［J］. 求是，2007 (7)：55－57.

［263］罗建华，翁建兴．论我国企业知识产权管理体系的构建［J］．长沙交通学院学报，2005（2）：89－93.

［264］戴颖杰．我国高新技术企业的知识产权保护［J］．兰州学刊，2005（2）：168－169.

附录 A

附表 1　广东省制造业技术创新绩效评价各指标原始数据（2013 年）

地区	T_1	T_2	T_3	T_4	T_5
广州	74008	1710177	39751	26788946.0	2446495.1
深圳	187045	5329402	80657	67704277.0	39109408.6
珠海	15814	345668	8017	7961479.4	2183064.0
汕头	7298	110694	11000	1473237.2	249181.6
佛山	75852	1612186	27199	21619617.8	5685970.6
韶关	4908	108226	2266	1799285.6	38600.1
河源	1822	20368	1098	171328.2	40007.1
梅州	2173	30578	1686	210458.4	4736.4
惠州	18678	518729	15168	21661816.7	3127926.8
汕尾	2008	46626	1176	1600725.7	396344.1
东莞	53258	983720	29012	11951808.3	3786174.2
中山	37857	611855	21818	6981541.1	1696895.5
江门	16033	318046	8439	3587045.8	920615.4
阳江	1885	68216	1499	178568.4	43626.1
湛江	3295	55836	1488	433008.1	52949.5
茂名	4508	101341	2530	862077.1	44341.8
肇庆	10568	154060	1777	1926057.3	266441.3
清远	3944	67862	838	1292444.5	131512.2
潮州	3402	56176	4564	405498.3	93593.7
揭阳	4189	93783	3578	1430614.3	66378.1
云浮	2006	31244	506	97575.2	9593.0

附表 2　广东省制造业技术创新绩效评价各指标原始数据（2012 年）

地区	T_1	T_2	T_3	T_4	T_5
广州	64621	1582281	33387	22184517.3	2143724.2
深圳	196202	4618655	73109	62076796.8	39983188.6
珠海	16409	312434	7097	7346628.0	2219361.6
汕头	7302	102883	10388	1371004.7	352789.4
佛山	71576	1468785	22604	18510536.8	4118888.9
韶关	5050	118257	1814	1643151.2	34902.5
河源	949	12712	570	184459.0	122791.7
梅州	1815	23536	1145	284329.9	22058.7
惠州	19055	435405	9894	15469048.2	3593460.8
汕尾	2248	31024	760	1053563.0	468265.3
东莞	51386	748347	29199	8385864.4	3466739.0
中山	34269	531454	18401	6535057.8	1386357.3
江门	15684	277983	8166	3232719.0	1057388.2
阳江	2016	42954	1257	154169.1	61104.6
湛江	3205	45810	1152	435082.1	90482.6
茂名	4355	89235	1596	1010145.5	8138.3
肇庆	10267	123820	1551	1474536.0	244204.8
清远	4125	65042	750	1053649.2	204937.8
潮州	2867	49249	3528	600874.3	94181.6
揭阳	4072	72635	2529	916281.6	114378.1
云浮	1739	26133	506	106063.9	8460.9

附表3   广东省制造业技术创新绩效评价各指标原始数据（2011 年）

地区	T_1	T_2	T_3	T_4	T_5
广州	58905	1406661.4	28097	25440917.4	2882947.1
深圳	155912	3888916.6	63522	57777822.5	33470844.3
珠海	13338	275088.9	5594	6513034.9	1801209.3
汕头	6018	85658.6	12671	997705.4	184343.6
佛山	57212	1163527.9	20373	18534523.6	5560064.8
韶关	5756	120865.0	1245	1856667.8	55590.0
河源	660	8088.5	489	651563.5	484989.0
梅州	1707	28522.0	988	332101.6	26770.4
惠州	13885	314606.3	6029	10549425.2	6180856.0
汕尾	1386	23805.2	342	772605.9	64327.2
东莞	39400	612516.4	24454	6373686.6	3109604.7
中山	24815	460412.6	14135	5674041.6	1486439.4
江门	12629	225696.9	7697	3827363.5	987628.6
阳江	1727	31574.5	1332	195436.2	87508.4
湛江	1916	29301.8	1052	346511.0	58820.2
茂名	2115	51803.9	908	1030664.2	1996.0
肇庆	7570	99961.6	1466	1239491.4	158614.7
清远	1626	46095.8	807	680901.4	110855.3
潮州	4217	44617.4	3038	331824.9	61093.0
揭阳	3793	57138.0	1683	617456.8	28282.7
云浮	1430	19553.0	351	78990.3	46287.7

附表4 广东省制造业技术创新绩效评价各指标原始数据（2010年）

地区	T_1	T_2	T_3	T_4	T_5
广州	47296	1187728.6	20803	23559234.9	2415465.2
深圳	160148	3137877.1	49427	51782184.8	32326553.1
珠海	10357	203099.0	3554	4216066.7	730601.5
汕头	3321	49094.6	9592	796845.1	160157.7
佛山	40890	922224.0	17853	14733527.8	4753671.6
韶关	3137	89734.8	930	1429573.0	55965.5
河源	285	3917.2	422	188686.3	134414.6
梅州	1112	13789.6	575	119537.4	7317.2
惠州	9460	176044.1	2889	6455756.4	3085750.2
汕尾	477	7344.7	294	474404.1	276764.9
东莞	36064	495099.3	21654	5391189.8	1988712.5
中山	20608	350606.0	12033	4023610.7	843458.0
江门	8955	150498.8	5845	2024161.0	233999.4
阳江	963	16006.3	1252	64241.1	15524.0
湛江	1450	28296.4	816	316313.0	59110.8
茂名	1386	36132.1	603	929913.5	0.0
肇庆	6282	68140.3	759	935546.7	13807.1
清远	1032	17316.3	465	223717.8	51403.2
潮州	2516	35020.3	1847	418872.2	104848.6
揭阳	2216	35345.2	1036	600098.0	10190.4
云浮	1521	13492.8	240	39419.8	11662.8

附表 5　广东省制造业技术创新绩效评价各指标原始数据（2009 年）

地区	T_1	T_2	T_3	T_4	T_5
广州	41275	1030503.8	16531	20865102.9	3314015
深圳	128208	2589999.9	42292	27428974.7	10353304.4
珠海	9561	133963.8	2778	3279206.2	534751
汕头	2868	35868.0	6678	824605.6	203502.5
佛山	35017	627591.1	15341	11558331.7	4166273.2
韶关	3874	64792.3	514	873973.8	5182.5
河源	641	3493.3	245	121192.8	15025.6
梅州	380	4480.3	485	38318.9	4090
惠州	8601	89528.5	1761	5236869.2	988123.2
汕尾	601	3848.9	283	473311.8	301647.4
东莞	28974	390728.2	19106	3019394.6	1652349.8
中山	20698	278989.9	8699	4450905	2143261.4
江门	5898	101419.9	4916	1980415.8	333458.3
阳江	567	7395.2	1102	113146	17317.7
湛江	1332	23884.0	839	275894.9	47303.9
茂名	1174	30172.0	497	994952.7	826.8
肇庆	4235	42246.5	551	477209.9	60962.7
清远	786	13025.0	242	110384.4	18414.5
潮州	2074	26504.4	1892	526372.8	284008.5
揭阳	1336	20363.1	746	263529.4	284008.5
云浮	848	4935.2	172	43395.3	284008.5

附表6　　广东省制造业技术创新绩效评价各指标原始数据（2008 年）

地区	T_1	T_2	T_3	T_4	T_5
广州	36539	1422279	13990	13865907	2265025
深圳	162382	122000	36261	29192719	15971526
珠海	9632	2494607	2244	3951442	462226
汕头	3930	244253	4822	514117	142296
佛山	40704	50631	13569	9389913	2405177
韶关	5611	815860	407	514267	28696
河源	280	115738	309	20891	1021
梅州	854	38843	326	24466	6386
惠州	10066	25276	1160	4727883	3185443
汕尾	1445	40888	164	508764	345218
东莞	24972	206894	14406	1596710	1095057
中山	17297	8247	6901	2378707	1024523
江门	8306	15337	4187	1773961	686842
阳江	1126	1400	957	58808	44798
湛江	1699	11693	646	129932	54826
茂名	2513	31619	391	1533845	1712
肇庆	5746	330146	419	226486	48935
清远	1180	298892	180	253155	128129
潮州	3315	41496	1735	305635	187648
揭阳	2229	34185	648	58591	5995
云浮	1609	7158	151	8558	1358

附表 7 广东省制造业技术创新绩效评价各指标原始数据（2007 年）

地区	T_1	T_2	T_3	T_4	T_5
广州	36888	1078509	12507	11934680	1284670
深圳	116099	2021120	35811	15640604	8498190
珠海	8471	149329	2217	1937061	686412
汕头	3459	48293	4269	531084	112509
佛山	39811	738262	17532	4850826	2009921
韶关	6809	136541	360	396598	11825
河源	1416	26216	186	37926	3303
梅州	728	5223	231	12400	6900
惠州	10851	147672	1235	3697501	2662698
汕尾	976	31560	181	651328	481877
东莞	19700	311670	13842	1314675	953831
中山	13535	260490	6413	1820118	629198
江门	8185	113431	3534	1555268	577744
阳江	1233	11586	935	47582	17858
湛江	2011	32422	642	89920	42364
茂名	2443	22213	351	2402402	4786
肇庆	5752	41037	358	191560	79645
清远	1459	18425	234	228786	117900
潮州	2897	36869	1356	306944	218668
揭阳	1804	20917	563	56070	4014
云浮	549	3156	136	50	0

附表 8　广东省制造业技术创新绩效评价各指标原始数据（2006 年）

地区	T_1	T_2	T_3	T_4	T_5
广州	23587	521453	12296	9236206	1273524
深圳	75288	1574579	29739	14330035	8323797
珠海	7445	129888	2118	3853565	2602261
汕头	2622	26540	3652	316512	158367
佛山	31254	653439	19054	5758662	1873248
韶关	6198	84639	461	300650	9612
河源	585	17100	136	101252	16106
梅州	680	5005	203	5769	60
惠州	9580	147705	877	3635259	2695998
汕尾	958	21422	241	468171	379133
东莞	16117	238976	9879	796495	582670
中山	12833	200453	4249	1451306	522275
江门	6544	88553	3281	1008503	191320
阳江	1108	13083	805	38720	31958
湛江	1961	17906	583	98564	36539
茂名	2103	15283	314	348204	3090
肇庆	4595	32278	375	156563	52535
清远	958	20394	170	6962	1056
潮州	2075	24363	1630	229237	158767
揭阳	1450	16763	647	23192	215
云浮	515	2213	167	1520	0

附表 9　　广东省制造业技术创新绩效评价各指标原始数据（2005 年）

地区	T_1	T_2	T_3	T_4	T_5
广州	19391	341674	11012	6878954	930146
深圳	57273	1246560	20943	11259089	6453939
珠海	6112	85411	1830	2145196	1286951
汕头	2513	20502	2715	218183	79730
佛山	18169	509314	17248	5489338	2000351
韶关	6413	83727	303	202493	23237
河源	621	17415	83	10364	250
梅州	530	7975	190	4013	52
惠州	8523	157476	1041	3296060	2294915
汕尾	641	6257	160	358014	258895
东莞	10554	130340	6694	731948	610769
中山	9694	161258	3399	1097053	677081
江门	6079	61561	2787	1073251	248304
阳江	1309	12415	699	26986	22437
湛江	1399	18533	475	72609	44002
茂名	2584	25552	314	505344	1509
肇庆	3923	26822	303	149995	41749
清远	1039	13797	167	98053	1442
潮州	1514	28588	1155	129167	96200
揭阳	1477	12597	523	21232	210
云浮	546	5840	148	71425	4597

附表 10　广东省制造业技术创新绩效评价各指标原始数据（2004 年）

地区	T_1	T_2	T_3	T_4	T_5
广州	16628	271693	8230	7053357	1364386
深圳	48375	1028107	15088	10465004	4257393
珠海	4613	63715	1220	2185606	1545285
汕头	1684	28789	2586	177537	66767
佛山	15656	390685	10809	4414489	1025664
韶关	6220	69535	169	93814	2545
河源	511	9702	133	1500	112
梅州	444	5642	148	62932	683
惠州	7356	138710	1109	2483726	1571012
汕尾	280	3586	188	244635	98672
东莞	8231	109752	4325	1153442	734589
中山	5383	129368	2545	511318	192601
江门	5122	49010	2116	1058890	193984
阳江	720	3944	499	61781	54485
湛江	1463	13526	406	62150	28358
茂名	3018	26314	172	117955	64
肇庆	3996	20098	343	133231	26863
清远	482	12840	218	53344	0
潮州	921	13907	879	156920	104762
揭阳	1547	16410	539	55564	6715
云浮	531	5729	152	4669	100

附录 B

附表 11　　　　　知识产权管理各指标原始数据（2013 年）

地区	Z_1	Z_2	Z_3	Z_4	Z_5	Z_6	Z_7	Z_8	Z_9	Z_{10}	Z_{11}
广州	74008	1710177	39751	26156	464	159	124	125	125	26788946	2446495
深圳	187045	5329402	80657	49766	10049	59	43	51	51	67704277	39109409
珠海	15814	345668	8017	4805	80	1	0	1	1	7961479	2183064
汕头	7298	110694	11000	6833	69	22	190	80	80	1473237	249182
佛山	75852	1612186	27199	19626	166	25	19	42	42	21619618	5685971
韶关	4908	108226	2266	1438	27	1	1	0	0	1799286	38600
河源	1822	20368	1098	521	1	0	0	1	1	171328	40007
梅州	2173	30578	1686	1266	5	1	0	3	3	210458	4736
惠州	18678	518729	15168	5914	154	10	4	78	78	21661817	3127927
汕尾	2008	46626	1176	818	10	2	2	0	0	1600726	396344
东莞	53258	983720	29012	22595	310	50	43	10	10	11951808	3786174
中山	37857	611855	21818	14220	101	362	7	0	0	6981541	1696896
江门	16033	318046	8439	5346	47	2	2	1	1	3587046	920615
阳江	1885	68216	1499	1180	3	16	9	3	3	178568	43626
湛江	3295	55836	1488	1088	4	0	0	1	1	433008	52950
茂名	4508	101341	2530	1089	5	0	0	5	5	862077	44342
肇庆	10568	154060	1777	1288	14	0	0	2	2	1926057	266441
清远	3944	67862	838	609	2	0	0	8	8	1292445	131512
潮州	3402	56176	4564	2957	9	26	24	23	23	405498	93594
揭阳	4189	93783	3578	2397	4	6	0	0	0	1430614	66378
云浮	2006	31244	506	461	1	0	0	1	1	97575	9593

附表 12　　　知识产权管理各指标原始数据（2012 年）

地区	Z_1	Z_2	Z_3	Z_4	Z_5	Z_6	Z_7	Z_8	Z_9	Z_{10}	Z_{11}
广州	64621	1582281	33387	21997	323	56	81	184	161	22184517	2143724
深圳	196202	4618655	73109	48861	8021	36	43	46	35	62076797	39983189
珠海	16409	312434	7097	4936	151	0	0	12	12	7346628	2219362
汕头	7302	102883	10388	6583	57	35	31	76	68	1371005	352789
佛山	71576	1468785	22604	17818	120	26	27	30	24	18510537	4118889
韶关	5050	118257	1814	1431	4	0	0	6	6	1643151	34903
河源	949	12712	570	326	0	0	0	2	4	184459	122792
梅州	1815	23536	1145	915	0	2	0	26	25	284330	22059
惠州	19055	435405	9894	4093	134	5	10	76	52	15469048	3593461
汕尾	2248	31024	760	502	0	0	0	30	30	1053563	468265
东莞	51386	748347	29199	20900	236	17	20	56	56	8385864	3466739
中山	34269	531454	18401	10878	84	229	148	7	7	6535058	1386357
江门	15684	277983	8166	5270	22	5	3	7	3	3232719	1057388
阳江	2016	42954	1257	912	5	19	9	8	8	154169	61105
湛江	3205	45810	1152	901	6	0	0	13	13	435082	90483
茂名	4355	89235	1596	694	1	0	0	6	4	1010146	8138
肇庆	10267	123820	1551	1173	14	1	0	2	1	1474536	244205
清远	4125	65042	750	669	15	1	0	8	8	1053649	204938
潮州	2867	49249	3528	2402	9	41	29	24	24	600874	94182
揭阳	4072	72635	2529	1913	7	11	9	5	0	916282	114378
云浮	1739	26133	506	369	1	0	0	3	3	106064	8461

附表 13　　　　　　　知识产权管理各指标原始数据（2011 年）

地区	Z_1	Z_2	Z_3	Z_4	Z_5	Z_6	Z_7	Z_8	Z_9	Z_{10}	Z_{11}
广州	58905	1406661	28097	18346	286	69	22	30	16	25440917	2882947
深圳	155912	3888917	63522	39363	7934	24	34	0	0	57777823	33470844
珠海	13338	275089	5594	3690	141	0	0	0	1	6513035	1801209
汕头	6018	85659	12671	4371	35	22	12	0	0	997705	184344
佛山	57212	1163528	20373	16340	112	11	11	2	0	18534524	5560065
韶关	5756	120865	1245	668	2	0	0	0	0	1856668	55590
河源	660	8089	489	372	1	0	0	0	0	651564	484989
梅州	1707	28522	988	692	1	0	0	0	0	332102	26770
惠州	13885	314606	6029	2917	89	12	0	0	0	10549425	6180856
汕尾	1386	23805	342	227	0	14	1	0	0	772606	64327
东莞	39400	612516	24454	19352	208	12	4	6	5	6373687	3109605
中山	24815	460413	14135	10027	75	14	9	0	0	5674042	1486439
江门	12629	225697	7697	5309	29	0	0	0	0	3827364	987629
阳江	1727	31575	1332	855	1	23	7	0	0	195436	87508
湛江	1916	29302	1052	747	8	0	0	1	0	346511	58820
茂名	2115	51804	908	396	1	0	0	1	0	1030664	1996
肇庆	7570	99962	1466	889	7	0	0	0	0	1239491	158615
清远	1626	46096	807	397	1	0	0	0	0	680901	110855
潮州	4217	44617	3038	1877	5	32	37	1	1	331825	61093
揭阳	3793	57138	1683	1340	3	0	0	0	0	617457	28283
云浮	1430	19553	351	235	2	0	0	0	0	78990	46288

附表 14　　　知识产权管理各指标原始数据（2010 年）

地区	Z_1	Z_2	Z_3	Z_4	Z_5	Z_6	Z_7	Z_8	Z_9	Z_{10}	Z_{11}
广州	47296	1187729	20803	15091	247	17	20	16	17	23559235	2415465
深圳	160148	3137877	49427	34952	5812	34	29	2	1	51782185	32326553
珠海	10357	203099	3554	2768	119	0	0	1	0	4216067	730602
汕头	3321	49095	9592	5718	15	4	8	4	4	796845	160158
佛山	40890	922224	17853	16950	94	13	11	0		14733528	4753672
韶关	3137	89735	930	558	0	0	0	0	0	1429573	55966
河源	285	3917	422	196	0	0	0	0	0	188686	134415
梅州	1112	13790	575	531	1	1	0	5	5	119537	7317
惠州	9460	176044	2889	1628	52	2	0	2	2	6455756	3085750
汕尾	477	7345	294	253	1	0	0	0	0	474404	276765
东莞	36064	495099	21654	20397	168	0	0	0	0	5391190	1988713
中山	20608	350606	12033	8538	105	0	0	0	0	4023611	843458
江门	8955	150499	5845	5418	26	0	0	1	0	2024161	233999
阳江	963	16006	1252	1218	6	16	5	0	0	64241	15524
湛江	1450	28296	816	765	4	0	0	2	0	316313	59111
茂名	1386	36132	603	322	2	0	0	1	0	929914	0
肇庆	6282	68140	759	550	8	0	0	0	0	935547	13807
清远	1032	17316	465	416	0	0	0	0	0	223718	51403
潮州	2516	35020	1847	2065	13	24	0	1	0	418872	104849
揭阳	2216	35345	1036	765	3	0	0	1	0	600098	10190
云浮	1521	13493	240	190	0	1	1	0	0	39420	11663

附表 15　　　知识产权管理各指标原始数据（2009 年）

地区	Z_1	Z_2	Z_3	Z_4	Z_5	Z_6	Z_7	Z_8	Z_9	Z_{10}	Z_{11}
广州	41275	1030504	16531	11095	182	25	6	0	0	20865103	3314015
深圳	128208	2590000	42292	25910	4308	17	5	3	3	27428975	10353304
珠海	9561	133964	2778	2008	86	0	0	0	0	3279206	534751
汕头	2868	35868	6678	3692	10	3	5	3	3	824606	203503
佛山	35017	627591	15341	12866	71	21	19	1	1	11558332	4166273
韶关	3874	64792.3	514	316	0	0	0	0	0	873974	5183
河源	641	3493	245	233	0	0	0	0	0	121193	15026
梅州	380	4480	485	277	1	1	0	3	0	38319	4090
惠州	8601	89529	1761	985	31	0	0		0	5236869	988123
汕尾	601	3849	283	152	1	0	0	0	0	473312	301647
东莞	28974	390728	19106	12918	106	0	0	0	0	3019395	1652350
中山	20698	278990	8699	5076	62	0	0		0	4450905	2143261
江门	5898	101420	4916	3450	17	6	3	0	0	1980416	333458
阳江	567	7395	1102	935	5	12	4	0	0	113146	17318
湛江	1332	23884	839	507	3	0	0	0	0	275895	47304
茂名	1174	30172	497	241	1	0	0		0	994953	827
肇庆	4235	42247	551	329	5	0	0	0	0	477210	60963
清远	786	13025	242	150	0	0	0	0	0	110384	18415
潮州	2074	26504	1892	1670	11	19	19	1	0	526373	284009
揭阳	1336	20363	746	668	3	0	0	0	0	263529	284009
云浮	848	4935	172	139	0	1	1	0	0	43395	284009

附表 16   知识产权管理各指标原始数据（2008 年）

地区	Z_1	Z_2	Z_3	Z_4	Z_5	Z_6	Z_7	Z_8	Z_9	Z_{10}	Z_{11}
广州	36539	1422279	13990	8081	116	23	27	9	12	13865907	2265025
深圳	162382	122000	36261	18825	2805	35	36	1	1	29192719	15971526
珠海	9632	2494607	2244	1797	54	4	4	0	0	3951442	462226
汕头	3930	244253	4822	2927	4	1	2	1	1	514117	142296
佛山	40704	50631	13569	10677	49	17	15	6	6	9389913	2405177
韶关	5611	815860	407	265	0	0	0	0	0	514267	28696
河源	280	115738	309	115	0	0	0	0	0	20891	1021
梅州	854	38843	326	207	0	0	0	0	0	24466	6386
惠州	10066	25276	1160	1011	11	0	0	0	0	4727883	3185443
汕尾	1445	40888	164	139	0	0				508764	345218
东莞	24972	206894	14406	8093	45	0	0	0	0	1596710	1095057
中山	17297	8247	6901	4342	20	5	5	0	0	2378707	1024523
江门	8306	15337	4187	2360	7	10	14	0	0	1773961	686842
阳江	1126	1400	957	661	3	9	3	0	0	58808	44798
湛江	1699	11693	646	376	1	0	0	0	0	129932	54826
茂名	2513	31619	391	218	1	0	0	0	0	1533845	1712
肇庆	5746	330146	419	369	2	1	1	0	0	226486	48935
清远	1180	298892	180	149	0	0	0	0	0	253155	128129
潮州	3315	41496	1735	914	8	15	38	1	0	305635	187648
揭阳	2229	34185	648	450	2	0	0	0	0	58591	5995
云浮	1609	7158	151	97	0	0	1	0	0	8558	1358

附表 17　　　知识产权管理各指标原始数据（2007 年）

地区	Z_1	Z_2	Z_3	Z_4	Z_5	Z_6	Z_7	Z_8	Z_9	Z_{10}	Z_{11}
广州	36888	1078509	12507	8524	114	45	44	65	63	11934680	1284670
深圳	116099	2021120	35811	15562	2276	42	32	7	4	15640604	8498190
珠海	8471	149329	2217	1657	48	4	0	0	1	1937061	686412
汕头	3459	48293	4269	3065	3	54	36	0	0	531084	112509
佛山	39811	738262	17532	10084	47	9	5	0	0	4850826	2009921
韶关	6809	136541	360	344	0	0	0	2	0	396598	11825
河源	1416	26216	186	98	0	0	0	0	0	37926	3303
梅州	728	5223	231	141	0	1	0	1	1	12400	6900
惠州	10851	147672	1235	726	4	2	3	1	1	3697501	2662698
汕尾	976	31560	181	157	4	1	0	0	0	651328	481877
东莞	19700	311670	13842	6752	92	10	10	0	0	1314675	953831
中山	13535	260490	6413	3396	21	4	4	7	7	1820118	629198
江门	8185	113431	3534	2494	23	6	5	1	0	1555268	577744
阳江	1233	11586	935	663	1	24	18	0	0	47582	17858
湛江	2011	32422	642	482	1	0	3	0	0	89920	42364
茂名	2443	22213	351	206	0	2	3	0	0	2402402	4786
肇庆	5752	41037	358	268	4	2	0	0	0	191560	79645
清远	1459	18425	234	109	1	0	0	0	0	228786	117900
潮州	2897	36869	1356	1090	3	22	14	0	0	306944	218668
揭阳	1804	20917	563	495	1	5	4	2	1	56070	4014
云浮	549	3156	136	128	0	0	0	0	0	50	0

附表18　　　　知识产权管理各指标原始数据（2006 年）

地区	Z_1	Z_2	Z_3	Z_4	Z_5	Z_6	Z_7	Z_8	Z_9	Z_{10}	Z_{11}
广州	23587	521453	12296	6399	67	36	18	36	38	9236206	1273524
深圳	75288	1574579	29739	11494	1499	56	62	4	2	14330035	8323797
珠海	7445	129888	2118	1251	48	0	0	1	0	3853565	2602261
汕头	2622	26540	3652	2024	3	16	12	4	4	316512	158367
佛山	31254	653439	19054	9065	33	12	34	0	0	5758662	1873248
韶关	6198	84639	461	225	1	0	0	9	0	300650	9612
河源	585	17100	136	41	0	0	0	0	0	101252	16106
梅州	680	5005	203	133	1	2	3	1	1	5769	60
惠州	9580	147705	877	64	4	4	3	0	0	3635259	2695998
汕尾	958	21422	241	119	0	4	4	0	0	468171	379133
东莞	16117	238976	9879	4872	46	0	0	0	0	796495	582670
中山	12833	200453	4249	2435	10	0	0	0	0	1451306	522275
江门	6544	88553	3281	2014	5	32	21	0	0	1008503	191320
阳江	1108	13083	805	499	2	12	6	0	0	38720	31958
湛江	1961	17906	583	334	0	3	5	0	0	98564	36539
茂名	2103	15283	314	188	2	0	3	0	0	348204	3090
肇庆	4595	32278	375	206	1	3	0	0	0	156563	52535
清远	958	20394	170	96	0	1	1	2	0	6962	1056
潮州	2075	24363	1630	913	0	9	5	1	0	229237	158767
揭阳	1450	16763	647	456	0	1	0	0	0	23192	215
云浮	515	2213	167	100	0	3	3	5	1	1520	0

附表 19　　　　知识产权管理各指标原始数据（2005 年）

地区	Z_1	Z_2	Z_3	Z_4	Z_5	Z_6	Z_7	Z_8	Z_9	Z_{10}	Z_{11}
广州	19391	341674	11012	5724	79	59	52	42	38	6878954	930146
深圳	57273	1246560	20943	8986	802	61	32	14	14	11259089	6453939
珠海	6112	85411	1830	93111	19	22	18	0	0	2145196	1286951
汕头	2513	20502	2715	2277	7	41	41	6	6	218183	79730
佛山	18169	509314	17248	8705	38	63	54	6	6	5489338	2000351
韶关	6413	83727	303	114	0	0	0	1	1	202493	23237
河源	621	17415	83	87	0	0	0	0	0	10364	250
梅州	530	7975	190	120	0	0	0	0	0	4013	52
惠州	8523	157476	1041	651	2	6	3	0	0	3296060	2294915
汕尾	641	6257	160	99	2	11	11	0	0	358014	258895
东莞	10554	130340	6694	3117	22	0	0	0	0	731948	610769
中山	9694	161258	3399	2108	10	0	0	2	2	1097053	677081
江门	6079	61561	2787	1553	7	11	5	0	0	1073251	248304
阳江	1309	12415	699	494	0	14	12	0	0	26986	22437
湛江	1399	18533	475	296	1	3	2	3	3	72609	44002
茂名	2584	25552	314	104	0	2	1	0	0	505344	1509
肇庆	3923	26822	303	187	0	3	3	0	0	149995	41749
清远	1039	13797	167	84	0	2	6	7	7	98053	1442
潮州	1514	28588	1155	741	0	8	9	2	2	129167	96200
揭阳	1477	12597	523	398	0	1	2	0	0	21232	210
云浮	546	5840	148	100	0	0	1	0	0	71425	4597

附表 20　　　知识产权管理各指标原始数据（2004 年）

地区	Z_1	Z_2	Z_3	Z_4	Z_5	Z_6	Z_7	Z_8	Z_9	Z_{10}	Z_{11}
广州	16628	271693	8230	5535	76	63	46	42	42	7053357	1364386
深圳	48375	1028107	15088	7833	699	35	31	3	2	10465004	4257393
珠海	4613	63715	1220	696	0	16	14	1	0	2185606	1545285
汕头	1684	28789	2586	1650	5	89	61	0	0	177537	66767
佛山	15656	390685	10809	6193	27	55	49	6	6	4414489	1025664
韶关	6220	69535	169	78	0	2	2	5	3	93814	2545
河源	511	9702	133	35	0	0	0	1	1	1500	112
梅州	444	5642	148	97	0	0	0	3	0	62932	683
惠州	7356	138710	1109	680	2	2	2	0	0	2483726	1571012
汕尾	280	3586	188	157	3	6	5	5	5	244635	98672
东莞	8231	109752	4325	3167	22	26	13	0	0	1153442	734589
中山	5383	129368	2545	1795	9	13	11	1	1	511318	192601
江门	5122	49010	2116	1365	6	8	8	1	1	1058890	193984
阳江	720	3944	499	308	0	7	6	0	0	61781	54485
湛江	1463	13526	406	190	1	5	2	5	5	62150	28358
茂名	3018	26314	172	139	0	1	0	3	1	117955	64
肇庆	3996	20098	343	197	0	0	0	0	0	133231	26863
清远	482	12840	218	95	0	1	1	1	0	53344	0
潮州	921	13907	879	544	0	8	6	0	0	156920	104762
揭阳	1547	16410	539	424	0	7	7	0	0	55564	6715
云浮	531	5729	152	85	0	3	3	6	2	4669	100

附录 C

附表 21   产业升级衡量指标的原始数据（2004~2013 年）

地区	工业企业利税总额									
	2013	2012	2011	2010	2009	2008	2007	2006	2005	2004
广州	1990.94	1595.55	1757.76	1843.92	1488.76	1400.44	1255.96	928.76	693.98	598.00
深圳	2147.18	1923.85	2251.05	2182.46	1438.91	1479.06	1112.97	960.09	806.02	813.15
珠海	376.42	252.32	253.86	261.62	180.74	149.30	167.00	109.12	82.05	71.39
汕头	269.48	234.53	195.64	234.99	177.37	148.08	106.73	87.32	67.81	61.86
佛山	1791.65	1574.95	1362.67	1437.89	1052.53	1061.12	715.52	494.81	338.25	249.34
韶关	146.29	105.10	98.92	86.77	71.09	54.12	92.75	75.72	48.88	31.82
河源	115.92	93.23	151.50	108.81	74.14	67.50	71.72	37.17	23.96	15.54
梅州	102.11	91.38	90.69	100.36	77.70	69.02	66.58	55.33	46.13	46.16
惠州	641.56	584.01	491.61	388.64	250.85	107.35	165.78	67.55	57.57	59.10
汕尾	53.80	45.66	26.25	24.69	16.24	14.77	14.43	13.06	7.91	4.34
东莞	596.95	518.84	479.57	469.59	403.47	268.43	376.85	376.63	188.93	39.02
中山	472.83	472.21	506.34	431.48	313.10	295.89	206.84	151.71	110.31	90.97
江门	256.90	220.00	456.04	406.58	276.06	268.39	204.93	144.66	109.32	95.84
阳江	235.43	187.67	131.77	111.89	79.35	71.31	53.52	35.27	22.78	14.85
湛江	277.14	264.89	234.03	254.64	172.99	139.34	104.86	117.37	104.54	112.62
茂名	473.14	311.63	248.96	255.26	234.36	164.74	141.55	84.60	75.96	82.51
肇庆	337.36	300.51	254.58	169.57	111.07	81.08	53.11	33.76	22.57	15.89
清远	121.41	115.76	191.99	233.17	134.48	125.96	57.49	52.58	17.78	9.46
潮州	147.73	118.36	110.49	93.54	64.55	54.87	50.66	33.72	21.33	13.21
揭阳	372.84	312.18	259.53	256.11	143.00	94.78	61.76	30.96	22.25	17.99
云浮	81.26	61.01	55.06	66.43	32.81	21.15	24.93	16.93	9.48	3.93

228

附录 D

附表 22　　绿色经济增长各指标原始数据（2013 年）

地区	G_1	G_2	G_3	G_4	G_5	G_6	G_7
广州	150.56	13545.09	17192.88	2.14	3774.00	0.00	0.48
深圳	328.74	20210.17	23095.21	1.53	2067.30	0.00	0.43
珠海	45.35	4210.92	3460.86	0.55	1327.56	0.00	0.46
汕头	41.02	1880.38	2481.80	0.57	927.39	0.01	0.48
佛山	168.72	10128.47	17121.88	1.74	2460.25	0.00	0.53
韶关	16.52	1203.00	1160.59	0.80	1205.70	0.08	1.22
河源	15.08	761.18	1140.14	0.16	446.86	0.00	0.65
梅州	10.53	619.57	567.99	0.51	1278.00	0.00	0.90
惠州	72.41	3797.70	6605.29	0.83	1509.51	0.00	0.75
汕尾	25.52	458.86	968.72	0.20	493.22	0.00	0.44
东莞	266.20	8103.32	11023.45	2.42	3047.30	0.66	0.57
中山	94.83	3359.73	5673.75	0.89	713.20	0.46	0.51
江门	48.40	2620.56	3107.86	1.17	1481.66	0.00	0.56
阳江	15.54	806.34	1564.09	0.22	796.74	0.20	0.56
湛江	13.95	1673.44	2041.37	0.62	1093.80	0.07	0.51
茂名	13.97	857.50	2146.12	0.46	896.95	0.00	0.84
肇庆	32.59	1624.67	3410.29	1.02	1423.11	0.00	0.62
清远	20.93	1229.15	1432.42	0.37	1031.99	0.00	1.07
潮州	23.39	629.81	1088.31	0.30	923.94	0.00	1.00
揭阳	39.65	1406.45	3604.19	0.61	622.06	0.08	0.66

附表 23　　　　　绿色经济增长各指标原始数据（2012 年）

地区	G_1	G_2	G_3	G_4	G_5	G_6	G_7
广州	149.99	12156.23	14857.09	2.27	3217.50	0.00	0.51
深圳	344.91	18458.35	21363.05	1.38	2137.00	0.10	0.45
珠海	45.35	3532.79	3072.56	0.55	1372.90	0.00	0.48
汕头	39.37	1773.70	2111.54	0.51	672.60	0.00	0.50
佛山	168.76	8814.87	14653.96	2.04	2381.50	0.00	0.56
韶关	15.89	1044.31	1000.18	1.02	1373.20	1.00	1.28
河源	14.20	648.20	953.66	0.19	585.30	0.00	0.67
梅州	10.37	573.34	502.91	0.57	1214.70	0.00	0.95
惠州	66.78	3530.70	5477.28	0.83	1487.80	0.00	0.78
汕尾	21.83	598.62	760.63	0.19	473.60	0.00	0.46
东莞	254.70	7206.02	9492.55	2.69	2928.80	0.70	0.60
中山	109.44	3192.02	5702.16	0.86	770.20	1.00	0.54
江门	49.06	2320.45	2519.47	1.44	1311.50	0.00	0.58
阳江	14.66	632.96	1197.42	0.20	787.50	0.30	0.58
湛江	13.61	1469.32	1717.67	0.82	1008.80	0.10	0.53
茂名	12.25	697.88	1775.52	0.52	855.80	0.00	0.88
肇庆	32.25	1448.22	2816.44	1.26	1077.60	0.00	0.64
清远	22.13	1105.71	1334.44	0.41	1300.00	0.00	1.10
潮州	19.57	576.64	891.63	0.30	931.70	0.00	1.05
揭阳	36.24	1109.86	2828.79	0.37	334.40	0.00	0.70

附表 24　　　　绿色经济增长各指标原始数据（2011 年）

地区	G_1	G_2	G_3	G_4	G_5	G_6	G_7
广州	154.71	11830.60	15712.72	0.48	3511.61	0.00	0.53
深圳	341.12	17395.72	20432.12	1.17	1884.75	0.05	0.47
珠海	46.39	3221.13	3377.25	0.49	1518.05	0.00	0.50
汕头	34.95	1391.75	1892.26	0.63	984.08	0.00	0.52
佛山	171.46	8842.89	14425.03	1.66	3016.40	0.03	0.58
韶关	15.11	939.54	917.86	0.62	1446.42	0.14	1.34
河源	13.80	567.77	1041.39	0.27	632.08	0.49	0.72
梅州	10.95	515.07	546.78	0.63	1092.05	0.00	1.00
惠州	64.39	3262.20	4765.03	0.71	1909.08	0.00	0.81
汕尾	17.96	359.44	579.41	0.13	442.57	0.00	0.48
东莞	252.35	6612.71	8469.69	2.91	2685.57	0.87	0.63
中山	115.59	3012.95	5746.84	0.95	884.32	1.41	0.56
江门	65.53	2519.34	4671.20	1.58	2629.29	0.00	0.65
阳江	13.18	535.37	964.52	0.27	479.51	0.22	0.60
湛江	13.05	1319.49	1752.66	0.69	952.87	0.09	0.55
茂名	10.70	556.65	1703.91	0.57	903.43	0.00	0.93
肇庆	31.87	1413.31	2468.96	0.96	1196.84	0.00	0.67
清远	27.47	1129.00	1752.20	0.47	2428.81	0.05	1.18
潮州	19.71	509.09	840.22	0.29	355.82	0.05	1.11
揭阳	33.05	1031.66	2298.98	0.40	743.66	0.00	0.73

附表 25　　　　　　绿色经济增长各指标原始数据（2010 年）

地区	G_1	G_2	G_3	G_4	G_5	G_6	G_7
广州	166.22	11265.51	13831.25	0.90	4427.37	0.00	0.62
深圳	352.56	18132.47	18526.82	0.61	1683.53	0.05	0.51
珠海	48.58	2695.19	2976.18	0.62	1337.07	0.36	0.56
汕头	45.66	1276.81	1897.57	2.67	860.43	0.02	0.59
佛山	181.32	7357.25	14527.47	0.95	1516.39	0.33	0.66
韶关	16.08	844.34	773.37	0.32	1445.89	1.18	1.71
河源	15.32	535.07	832.73	0.34	351.65	4.54	0.80
梅州	12.26	479.04	455.97	0.60	1224.70	0.01	1.19
惠州	66.84	2816.43	3905.17	0.37	1163.31	0.00	0.89
汕尾	22.20	311.01	432.42	2.97	300.67	2.19	0.52
东莞	280.72	6001.71	7739.09	1.14	2339.74	0.69	0.69
中山	127.35	2779.32	5023.63	1.15	397.53	0.04	0.64
江门	68.39	2243.15	3828.91	0.28	1184.37	0.03	0.72
阳江	12.91	449.66	693.46	0.54	546.43	0.74	0.70
湛江	14.33	997.54	1404.95	0.59	660.70	0.97	0.64
茂名	11.51	507.30	1360.15	0.88	1507.42	0.04	1.10
肇庆	29.98	1024.95	1744.19	0.29	557.38	0.58	0.82
清远	26.46	1151.34	2887.04	0.42	1514.25	2.26	1.45
潮州	21.12	487.57	723.12	0.34	108.27	0.12	1.23
揭阳	36.67	897.20	1794.82	0.35	415.45	0.01	0.85

附表 26　　　绿色经济增长各指标原始数据（2009 年）

地区	G_1	G_2	G_3	G_4	G_5	G_6	G_7
广州	161.57	9965.53	11376.76	26022.72	2539.50	0.03	0.65
深圳	322.16	12251.51	15416.24	8072.65	1740.70	0.05	0.53
珠海	43.80	2559.51	2405.04	5890.59	1473.80	0.35	0.58
汕头	42.03	1118.86	1531.10	4972.17	492.10	0.01	0.61
佛山	166.37	5975.14	11711.28	25643.23	1592.00	0.33	0.69
韶关	14.51	748.81	599.23	8668.60	1377.50	0.88	1.74
河源	13.56	430.67	604.68	3023.35	385.60	2.91	0.81
梅州	11.48	418.12	351.11	4110.20	2130.60	0.00	1.23
惠州	61.47	2462.74	3005.14	5782.28	1319.10	0.00	0.95
汕尾	15.00	258.72	319.60	4217.35	285.20	2.01	0.53
东莞	256.03	5286.18	6071.11	29962.00	2135.00	0.72	0.71
中山	119.07	2418.52	4057.97	12629.03	431.30	0.49	0.65
江门	63.34	1881.36	2933.26	11429.34	1143.80	0.40	0.73
阳江	11.80	244.17	504.56	2426.22	216.60	0.66	0.71
湛江	14.03	864.25	1028.79	5271.87	573.60	0.95	0.64
茂名	11.81	490.05	1098.13	7475.71	858.40	0.24	1.15
肇庆	25.79	720.82	1179.01	8241.03	434.50	0.09	0.84
清远	24.30	800.27	2024.06	3213.69	1600.80	5.67	1.48
潮州	19.82	429.18	581.07	3921.90	305.10	0.13	1.27
揭阳	27.81	730.67	1153.29	4406.45	331.70	0.01	0.87

附表 27　　　　　绿色经济增长各指标原始数据（2008 年）

地区	G_1	G_2	G_3	G_4	G_5	G_6	G_7
广州	171.99	9164.87	10514.91	3.45	2435.86	0.06	0.68
深圳	320.45	11189.43	15854.28	0.83	1669.34	0.05	0.54
珠海	46.47	2326.85	2496.68	0.69	1458.26	0.30	0.60
汕头	40.03	952.33	1330.51	0.53	366.83	0.10	0.63
佛山	179.42	5391.08	10658.47	2.38	1656.81	0.32	0.75
韶关	15.35	694.74	670.43	1.00	1375.23	1.95	1.82
河源	13.06	390.16	519.56	0.32	212.13	2.02	0.84
梅州	10.89	395.53	333.56	0.47	1322.03	1.61	1.28
惠州	63.97	1907.85	2600.26	0.72	965.36	0.05	0.96
汕尾	13.76	225.64	257.81	0.41	231.99	1.47	0.56
东莞	278.61	5114.42	6632.82	3.34	2160.11	0.71	0.74
中山	127.65	2269.99	3766.54	1.41	562.26	0.47	0.67
江门	68.06	1727.49	2709.55	1.39	1263.31	0.08	0.78
阳江	11.84	214.32	448.05	0.23	184.15	0.95	0.74
湛江	15.31	800.86	1139.85	0.54	604.63	1.18	0.66
茂名	12.53	485.70	1199.78	0.89	830.05	0.10	1.19
肇庆	25.75	648.21	964.05	1.04	490.57	0.08	0.89
清远	24.88	706.56	1646.06	0.42	1642.97	0.32	1.54
潮州	18.41	393.91	521.59	0.41	267.22	0.15	1.32
揭阳	24.71	510.06	885.66	0.49	299.62	0.11	0.90

附表28 　　　　　　绿色经济增长各指标原始数据（2007 年）

地区	G_1	G_2	G_3	G_4	G_5	G_6	G_7
广州	154.09	8035.24	8903.17	21035.69	1994.20	0.20	0.71
深圳	303.12	9983.14	13958.01	9198.66	1901.33	0.05	0.56
珠海	41.67	1741.86	2357.37	6528.17	966.57	0.21	0.62
汕头	34.58	854.43	1067.85	5219.14	343.34	0.10	0.65
佛山	159.76	4483.01	8417.06	28384.74	1699.12	2.94	0.87
韶关	13.09	609.95	585.56	10737.39	807.73	2.37	1.91
河源	12.18	283.45	472.35	3096.54	190.09	0.76	0.88
梅州	10.49	349.65	293.16	4834.87	1088.83	1.21	1.33
惠州	56.44	1738.68	2217.96	8727.27	743.05	0.09	1.02
汕尾	9.46	133.00	199.05	4233.89	7.37	0.55	0.56
东莞	211.04	4632.91	5851.51	65174.55	2199.05	0.10	0.78
中山	116.38	1908.92	3283.57	12908.10	385.97	0.47	0.70
江门	58.30	1591.43	2231.32	14306.03	1148.74	0.08	0.83
阳江	12.59	208.39	336.51	2178.51	145.12	0.37	0.76
湛江	13.88	677.06	963.04	5897.93	145.57	1.26	0.68
茂名	10.96	429.80	1042.39	7063.17	693.20	0.13	1.26
肇庆	22.23	533.32	675.04	10479.63	526.02	0.10	0.92
清远	23.94	644.93	1104.25	5308.41	1156.30	0.24	1.63
潮州	17.07	339.97	444.89	3307.91	241.41	0.30	1.36
揭阳	15.88	409.26	583.07	4356.85	214.32	0.23	0.94

附表 29　　　　　绿色经济增长各指标原始数据（2006 年）

地区	G_1	G_2	G_3	G_4	G_5	G_6	G_7
广州	149.43	6903.61	7282.06	20445.00	2126.00	0.30	0.75
深圳	251.30	8326.26	11928.60	6396.00	1264.00	0.10	0.58
珠海	37.66	1478.94	1952.51	3434.00	705.00	0.20	0.64
汕头	31.90	775.33	886.60	5437.00	344.00	0.10	0.66
佛山	147.85	3750.03	6289.09	22491.00	1126.00	0.40	0.91
韶关	12.11	531.21	451.24	12305.00	1132.00	2.70	2.01
河源	9.26	203.50	310.23	2848.00	129.00	1.90	0.88
梅州	9.98	315.29	240.18	4044.00	860.00	0.20	1.40
惠州	52.10	1541.07	1833.97	6204.00	401.00	0.20	0.97
汕尾	7.68	101.69	146.25	3818.00	2.00	0.10	0.56
东莞	223.79	4185.87	4839.70	24134.00	1922.00	1.00	0.82
中山	105.68	1656.24	2756.27	10284.00	272.00	0.10	0.74
江门	53.20	1285.20	1753.48	12127.00	827.00	0.20	0.87
阳江	12.02	147.52	253.26	1710.00	122.00	0.40	0.82
湛江	13.27	613.22	825.11	6620.00	489.00	1.30	0.74
茂名	10.66	407.90	899.98	7496.00	367.00	0.40	1.23
肇庆	19.37	434.80	454.23	7443.00	253.00	0.00	0.92
清远	17.79	446.23	616.60	2901.00	803.00	3.10	1.67
潮州	16.39	285.34	365.73	1749.00	138.00	0.40	1.38
揭阳	13.49	284.21	391.63	3048.00	37.00	0.10	0.96

附表 30   绿色经济增长各指标原始数据（2005 年）

地区	G_1	G_2	G_3	G_4	G_5	G_6	G_7
广州	141.03	4833.84	6032.05	20249.00	1342.00	0.20	0.78
深圳	228.28	6981.49	9867.55	6444.00	1390.00	0.10	0.59
珠海	34.33	1312.15	1569.56	2824.00	656.00	0.10	0.66
汕头	28.48	757.80	761.37	5401.00	298.00	0.00	0.69
佛山	127.03	3072.39	4780.88	24937.00	1481.00	0.20	0.89
韶关	11.86	482.71	393.36	15151.00	1031.00	3.30	2.14
河源	7.67	152.61	182.10	2651.00	100.00	1.70	0.96
梅州	9.47	286.75	206.98	3702.00	511.00	0.00	1.43
惠州	49.65	968.20	1428.66	4359.00	271.00	0.10	0.86
汕尾	7.15	79.01	113.45	3561.00	2.00	0.10	0.58
东莞	199.61	3345.33	3940.11	21355.00	1695.00	0.50	0.86
中山	94.98	1358.96	2221.45	8410.00	254.00	0.00	0.78
江门	48.31	1152.17	1453.25	11993.00	632.00	0.40	0.87
阳江	10.26	120.67	213.82	1531.00	78.00	1.10	0.87
湛江	12.40	499.07	644.27	6716.00	500.00	1.10	0.74
茂名	10.18	360.11	702.04	7700.00	440.00	0.30	1.33
肇庆	17.09	363.75	321.20	7239.00	222.00	0.10	0.99
清远	13.21	349.37	364.34	3680.00	709.00	3.60	1.73
潮州	14.07	193.50	293.72	1924.00	32.00	0.20	1.47
揭阳	12.51	238.72	298.82	2113.00	35.00	0.20	1.03